岩波現代文庫／社会 303

私の沖縄現代史

米軍支配時代を日本《ヤマト》で生きて

新崎盛暉

岩波書店

はじめに——ヤマトで沖縄を生きた記憶

私は、一九三六年、沖縄出身の両親のもとに、東京で生まれた。そのひと月後に二・二六事件が起き、翌三七年には、日中戦争がはじまる。そして四一年一二月の米英への宣戦布告の翌年、国民学校(小学校)に入った。敗戦は、疎開先の熊本で迎え、その翌年、焼け野原の東京へ引き揚げてきた。その後東京都内を転々としながら、戦後復興の時代の中で成長してきた。だが、すでに五〇年六月、中学二年の時には、朝鮮戦争が勃発していた。

一九五二年四月、私は都立小山台《こやまだい》高校に入学した。それからひと月も経たない四月二八日、校長は、全校生徒教職員を校庭に集めて、「今日、めでたく日本は独立しました。万歳を三唱しましょう」といった。五二年四月二八日は、対日平和条約と、日米安保条約が発効した日である。その対日平和条約第三条によって、沖縄は、半永久的に、米軍政下に置かれ続けることになった。その日を祝って万歳三唱をするというのである。それから六〇年も経って、時の政府が、改めてこの日を「主権回復の日」として式典を行い、万歳をする馬鹿げた時代が来るなどということは思ってもみなかったのだが、いずれにせよこの日は、東京生まれのウチナーンチュ（沖縄人）である私が、「沖縄」と出会うことになった衝撃の日である。私は、私と私の周りで万歳をする友人や先生方との間に存在する、もやもやとした、目に見えない壁を意識せざるをえなかった。多分、どこまで自覚していたかは別にして、私が、「沖縄」と出会い、沖縄を背負って、あるいは抱え込んで生きることになる出発点となった日である。

だが、沖縄を米軍支配下に放置した独立の日の衝撃は、否応なく、その起点となった沖縄戦の追体験へとつながらざるをえなかった。もし沖縄が戦場にもならず、日本《ヤマト》から三〇年近くも分離されることがなかったならば、多分私は、一人の東京人として、というよりも普通の人間として、親たちの故郷《ふるさと》である沖縄を何かの機会に遠く思い浮かべることはあっても、とくに沖縄に強烈な一体感を抱くこともなく、大都会の中で、別の人生を歩いたかもしれない。だが、私の高校生としての出発の時点が、日本の「主権回復の日」と合致せざるをえなかったという偶然は、私をして、自分の人生を「沖縄」を軸として、「沖縄」を生活の中心に置いて生きざるをえなくしたのである。

そして、私が大学に入学した一九五六年、沖縄では「島ぐるみ（の土地）闘争」が起こった。東京では、前年に引き続き、立川基地拡張のための強制測量と、これを阻止しようとするデモ隊が、激突していた。砂川闘争である。外へ目を転じれば、アラブ民族主義の台頭を受けて第二次中東戦争が起こり、ソ連圏では、ハンガリーの民衆蜂起があった。沖縄も、日本も、そして世界も、揺れていた。視点を変えれば、民衆が歴史を動かそうとしていた。私は、そうした時代を実感し、そうした時代に青春を過ごしたことになる。

高校から大学へと、「沖縄」を強烈に意識しながら、時代的動向の影響を受けながら生きてきた私は、大学を卒業したら、沖縄社会の中で生きることを当然の将来像として描いていた。しかし、米軍支配下の沖縄は、私のような問題意識を持った人間を受け入れてはくれなかった。こうして私は、沖縄が米軍支配下に置かれている時期、ヤマトに生活の拠点を置きながら、沖縄と関わり続けて生きることになったのである。この本は、東京に生活の拠点を置きながら、「沖縄を生きた」時代の回顧録的な総括の記録である。

＊ヤマトとウチナー　沖縄語で日本、本土、内地と沖縄を区分する言葉として、ヤマト、あるいはヤマトゥと、ウチナーという言葉がある。人でいえば、ヤマトゥンチューとウチナーンチュ、言葉でいえば、ヤマトグチとウチナーグチである。時代によって使われ方に差があるが、最近、ある意味でのヤマトとウチナーの溝の深まりを反映して、使用頻度は増大してきているように思う。しかし、沖縄以外の読者にとって「ヤマト」という言葉でまずイメージするのは、大和朝廷や奈良近辺、あるいは戦艦ヤマトであることも多いと思われるので、あえて注を付けておこう。

目　次

本書一〇八頁以降で論文の題名に付されている＊印は、その論文が『未完の沖縄闘争　沖縄同時代史別巻一九六二～一九七二』（凱風社、二〇〇五年）に収録されていることを示す。

一　戦中・戦後の子ども時代

私のバックグラウンド

私は、一九三六(昭和一一)年一月二七日、現在の東京都杉並区天沼《あまぬま》に生まれた。なぜ天沼かといえば、多分、天沼に母の叔母・久保仁千《にいち》代《よ》が住んでいたからである。前年三月に沖縄から上京し、父と結婚した母にとって、右も左もわからない東京で、叔母の近くに新居を構えることができたのは、何物にも代えがたい安心感をもたらしただろう。

父・盛忠《せいちゅう》は、祖父・盛茂《せいも》の二男として、一九〇四(明治三七)年、首里・崎山に生まれた琉球士族の末裔《まつえい》である。沖縄県立第一中学校を卒業後、二、三年代用教員をして旅費や学費をため、上京した。母によれば、父は、一中時代は特待生で学費免除で中学を卒業したのに、当時の首里は封建的なところだから、長男しか大学には行かせてもらえなかったのだ、という。確かに長男だけが別格の扱いだったという話は、叔父・叔母たちからも、ずいぶん聞いたような気がするが、父の兄弟姉妹は、八人もいたから、経済的

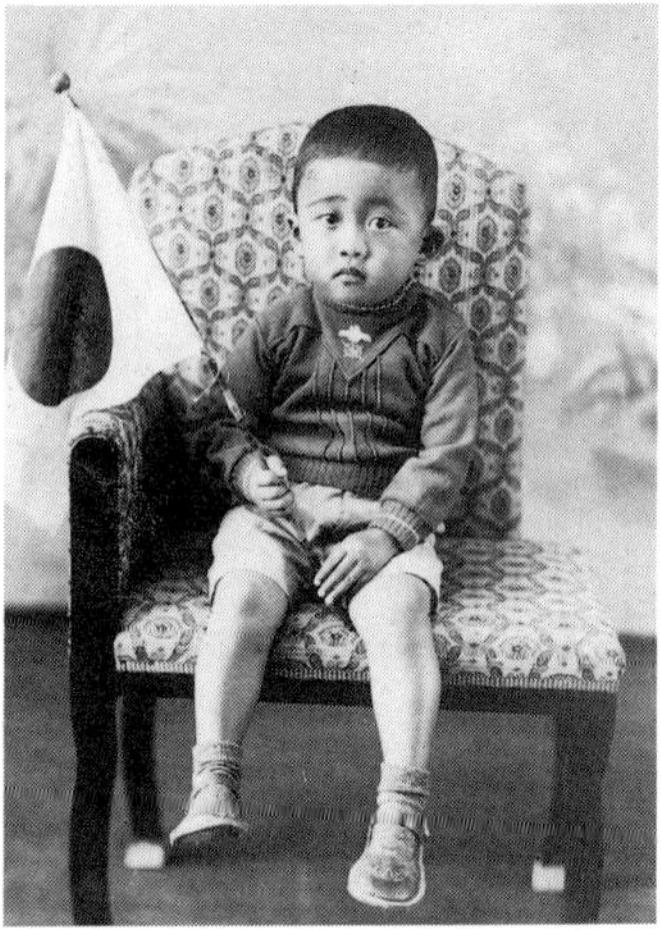

数え年3歳の著者．七五三の記念に那覇の写真館で撮影(1938年11月15日)．

にも、子どもたちを中学や女学校にやるだけで精いっぱいであっただろう。祖父は、広島高等師範学校(現広島大学)を出て、県立一中の英語の教師をしていた。休み時間に泡盛をなめながら、授業をしていたというエピソードを多くの人から聞いた。

上京した父は、日本大学二部予科に籍を置き、専売局に勤めることになった。その頃の父は、文芸評論家的なものになりたいと思っていたらしい。私の書庫には、父の原書のバーナード・ショー全集が残されている。沖縄の旧都首里に、貧乏士族の子として生まれた父にとって、アイルランドの首都ダブリンに貧乏商人の子として生まれた劇作家で評論家であるショーは、強く惹かれるものを持っていたに違いない。だが、父にとって、生活と学業の両立は難しかったのだろう。結局大学は中退することになる。

父と同世代の沖縄出身者には、専売局に勤めていた人が少なくない。当時の沖縄出身の官僚としては出世頭ともいうべき神山政良《かみやませいりょう》が、東京地方専売局長をしていたことも関連しているだろう。

母・タヲは、四人きょうだいの末っ子として、一九一一(明治四四)年、那覇市若狭《わかさ》で生まれた。父親の柳頂忠《やなぎちょうちゅう》は徳之島の出身で、長く那覇の裁判所で書記をしていた。母親は、旧姓を禱當千代《いのりとうちよ》(久保仁千代の姉)といい、奄美大島の名瀬《なぜ》出身である。母は、県立第一高等女学校を経て沖縄県女子師範学校専攻科を終え、那覇の天妃《てんぴ》小学校や中城《なかぐすく》の津波《つは》小学校で教員をした後、父と結婚するため上京している。

私自身は、天沼の記憶は全くないが、戦前の沖縄の断片的記憶はある。それは、私の二歳下の弟・盛宣《もりのぶ》を、母が里帰りして出産しているからである。父の実家には、フール(沖縄の伝統的な石造りの便所兼豚小屋)があって黒豚がいたこと、家の前の石畳の道を祖父・盛茂に連れられて散歩をしていたら突然地震に遭ったこと、

数え年8歳の著者と両親，弟．左端は吉田武夫少尉(1943年2月11日)

母の実家の廊下にぶら下がっていた鳥籠、近くの波の上公園で咲いていた竜舌蘭《りゅうぜつらん》の花、など。一九五九年、戦後初めて沖縄を訪れた時、首里・崎山の家の前の石畳の道は、幼い時の記憶のままであった。

私たち一家は、私が小学校(国民学校)に入学する前、葛飾区高砂《たかさご》に引っ越した。当時の高砂は、住宅地と境を接して水田が広がり、あちらこちらに溜め池が残る湿地帯で、湿地帯を埋め立てて宅地化が進みつつある時期だったように思う。京成電鉄の高砂駅の傍にも、線路沿いに大きな池があって、たくさんのハスが植わっていた。私たちの家も、埋め立て途中の溜め池を囲むようにして建てられた、六畳・四畳半・三畳に小さな台所と玄関が付いた規格住宅の一軒で、竹の垣根で区切られていた。数軒の規格住宅に隣接して、広い庭のある二階建ての大家さんの家があった。高砂に引っ越してきたのは、高砂の一駅隣の青砥《あおと》に母の兄・柳一夫の一家が住んでいたからだろう。日曜になると、頻繁に、母の教員時代の教え子だった陸軍士官学校生の吉田武夫少尉が訪ねてきていた。

隣には、専売局に勤める人の夫婦が住んでいたが、召集されて、中国へ送られ、中国からハガキをもらった記憶がある。慰問袋への礼状だったかもしれない。その人が召集されて間もなくその家に赤ん坊が生まれたことを覚えている。

太平洋戦争の開始(一九四一年一二月八日)前後の事は全く記憶にない。翌四二年四月に高砂国民学校に入学したはずだが、その辺の記憶もあいまいである。それはおそらく、私が入学後どの段階かで長期休学し、留年して、一年生を二度やっていることと関係がありそうである。肺門リンパ腺炎という病名が、記憶の中に残っている。「お前は早生まれで同じ歳の子の大部分より一年早く学校に入っていたのだから……」と、親や学校の先生から説得されたことを覚えている。

私は、生まれつき虚弱体質だったらしく、歩き始めたのは、二歳の誕生日のころだったという。自分でも、小さいころから、体力的には人に劣っているという固定観念にとらわれていた。運動会などで走らされると、常にビリから二番目だった。不思議なことに、どこにも、私より遅い子が一人はいた。

戦争の影

国民学校の二年に進級するころ、つまり、一九四四年の春ごろになると、田園風景が残る東京郊外の高砂にも、B29が姿を見せるようになった。高射砲が鳴って、青空を飛ぶB29が煙に包まれたように見えるが、すぐに何事もなかったように煙の中から姿を現し、悠々と飛び去った。大人たちは、高射砲の弾は一万メートルの上空を飛ぶB29には届かないのだ、と話し合っていた。

空襲に備えて、防空壕を作ることになったのだが、最初の防空壕は、押し入れの壁際に父の『世界文学全集』や『漱石全集』を積み上げたものだった。それで爆風を防ぐつもりだったらしい。さすがにこれでは駄目だということになったらしく、父が、家の前の空地に防空壕を掘り始めた。掘り出した土で壁を作り、張り板を渡して屋根にし、その上にも土を積み上げた、古代の穴居住宅のような造りである。子どもでも背をかがめなければ入れないような小さな穴倉で、地面の上にすのこ板を敷いてあった。私たちは、いつも防空頭巾を持ち歩き、胸には、名前と血液型を書いた札が縫い付けられていた。

空地の向こうに少し年上の男の子がいて、その子がとっていた『少年倶楽部』を借りてよく読んでいた。楠木正成、新田義貞、元寇の役などのほかに、「勇敢な糸満《いとまん》漁夫」の話などが載っていた。直接戦争に関するものは記憶にない。カルタなどには、戦時色が反映していた。「渡る火の海ジョホール水道」などという文句を覚えている。ジョホール水道というのは、マレー半島とシンガポールの間の海峡である。フィリピンからインドネシアにかけての地域の地名は、ほとんどこの時期に覚えている。

やがて空襲が始まった。相模灘から侵入し、東京を爆撃した敵機の編隊が、九十九里浜へ抜ける帰り道に、余った爆弾を捨てていくのだといわれていたが、空襲の後には、あちこちにすり鉢状の穴ができていた。ある時、激しい爆撃の後、防空壕を這い出してみると、家の前の池に赤ん坊の死体が浮いていて、警防団のハッピを着た人たちが、鳶《とび》口《ぐち》でその死体を岸に引き寄せようとしていた。

四五年三月一〇日の東京大空襲のときは、空地の向こうの西の空が真っ赤になり、その赤い空をバックに、行きつけの銭湯の黒いシルエットが浮かび上がっていたことを覚えている。そのころから、われわれも疎開をしなくちゃ、と浮き足立ち始めていた。実は、そのだいぶ前、多分那覇の一〇・一〇空襲の数カ月前だろう、母の両親が、沖縄から東京へ疎開してきていた。敵が沖縄に攻めてくるかもしれないので、年寄りはしばらく避難しておきなさい、と言われ、那覇市若狭の家は雨戸を釘付けにして、身の回り品を柳行李《やなぎごうり》に詰め、三線《さんしん》二丁と碁盤を二つ持って、やってきたのである。

当時、東京からの疎開先といえば、北関東や東北であった。父の知り合いもいたらしい。しかし、母の両親は、九州に行きたがった。その頃熊本・宮崎・大分などには、父や母の姉妹をはじめとする沖縄からの疎開者が大勢やってきていた。すべて女子どもである。成人男子は、早くから召集されていたり、沖縄で戦争に動員されていた。四五年四月、われわれ母子三人と、母の両親の計五人は、父を東京に残して九州へ向かった。途中岐阜県の大垣で空襲に遭い、かなり長い時間、闇の中で汽車に缶詰め状態になっていた。どれぐらいの時間がかかったのか、間違いなく一昼夜以上はかかって、福岡に着いた。

福岡では、祖母の弟・禱直《いのりなおし》のところにしばらく寄宿した。そこでは、空腹と配給所に並んでいたことぐらいしか記憶にない。通っていた学校の名前も覚えていない。しばらくして、熊本県葦北郡佐敷《さしき》町(現芦北町)に向かった。そこには、母の姉・兼本政《かねもとまさ》の家族が沖縄から疎開をしてきており、院長が出征して休業中の病院に部屋を借りて住んでいた。われわれ三人は、しばらく旅館住まいをしてから、民家の物置のようなところに住んだ。雨が降ると雨漏りがし、畳の一部が腐っているようなところだった。やがて、大井軒という休業中の料亭の玄関の部屋と玄関わきの二間続きの部屋を借りることになった。母から父への手紙によれば、前のところの部屋代は一〇円、新しいところは二〇円だった。ずいぶん広く綺麗な所に来たという印象が残っている。祖父母は、寺の離れのようなところに居た。そこは、出征した息子さんの部屋だったとかで、本棚いっぱい少年向けの文学全集のようなものが残されていた。私は毎日そこに出かけてそれを読みふけっていた。山本有三の『心に太陽を持て』などはその時に読んだのだろう。

学校では、男子は木刀訓練、女子は竹やり訓練があった。「鬼畜米英」を打倒するためである。もう、沖縄戦は終わっていたのかもしれない。ときどき、グラマンと呼ばれた戦闘機がやってきて、機銃掃射をしていった。私自身が田んぼの畦道《あぜみち》を歩いていて、機銃掃射に遭った記憶もある。

母が、よく買い出しに出かけていた姿は印象に残っているが、芋中心の食べ物には、そんなに困らなかったように思う。私も前の河原を耕して小さな畑を作っていた。

やがて敗戦。しかし、私たちがここで、天皇のいわゆる玉音放送を聞いた記憶はない。逆に、乗合馬車がのんびりと走っていた道の電柱に貼られていた「敗戦はデマだ」という貼り紙が印象に残っている。そのうち母たちが、どこかに集められて正式な告知を受けたらしく、帰ってきて「お前たちが仇を討たなければならない」と泣きじゃくっていたのを覚えている。九月一二日付の母から父への手紙には「アオイメの奴らがたくさんいる東京には帰りたくない」と書いてある。沖縄からの疎開者の中には、集団で、九州各地へ入植した人たちもいた。母の姉・兼本政母子も、沖縄には帰る先もなくなって、宮崎の都城《みやこのじょう》近くに入植したはずだ。

戦争が終わると、「鬼畜米英」の教育は、何の抵抗もなく「アメリカ民主主義礼讃」に変わった。これまで自動車の姿も見たことのなかった田舎道に、進駐軍のジープの車列が、砂煙をあげて走っていた。

ところで余談になるが、二〇一二年一月一二日の琉球新報の投書欄に二二歳の女子学生の「この歌を知りませんか」という投書が載った。

「アメリカの兵隊さん、ジープに乗って、走れば鳴るよ朝の鐘(風)。やあおはよう、ぼくらも元気で手を挙げよう(る)、ハーローグッドモーニング」

戦時中やんばるの山の中を逃げ回り、大宜味《おおぎみ》村大兼久《おおがねく》の収容所に収容された当時六歳のおばさんが、収容所の幼稚園で教わった歌だという。この歌こそ、敗戦直後に佐敷国民学校で、私たちが教えられた歌である(カッコ内は私の記憶が違うところ)。投書者は次のように書いている。

「私は、収容所でこの歌を聞いた人々は何を思ったのかと考えました。まだ幼稚園生だったおばたちはただ無邪気に歌っていたのかもしれませんが、日本軍の勝利を信じ戦ってきた人々にとってこの歌はどう響いたでしょう。」

私にとってそれは、学校不信、教師不信の起点になったような気がする。投書者が集めた情報によると、熊本の疎開先で聞いたという人が私以外にもいたほか、渡嘉敷《とかしき》村で歌っていた人もいたという。インターネットで検索したら、東京でこれと似た歌を聞いたという人がいるという。とすると、この歌は、占領軍が、文化教育政策の一環として、あらかじめ準備し、持ち込んだ可能性もある。九州・沖縄間の交通通信が完全に途絶していた時期に、両地域の学校や幼稚園で、まったく同じ歌が教えられることなどありそうにないからである。

付け加えておくと、教師不信といっても、必ずしも教師個人に対して不信感を持ったという意味ではない。当時の私たちの担任は、おそらく一〇代の、女学校を出たばかりの女性だった。学校教育には不信感を持ちながらも、時代の変わり目で、生徒たちにもみくちゃにされるその女性教師個人には同情や親しみを感じていた。東京に帰ってからも、ずっと年賀状のやり取りが続いていた。それから二〇年以上も経って、その人の娘が東京の女子大に入ることになり、東京在住の私が身元保証人を引き受けたこともあった。

多分、一九四六年の正月休みを利用しての事だろうが、父が東京から、様子を見に来た。そんな時、偶然にも、二、三人の米兵が大井軒の玄関に現れた。私は、玄関の上がり框《がまち》に立って、土間の米兵と英語でやり取りする父を眺めていた。しばらくして米兵たちは帰っていった。「何を話していたの」と父に聞くと、父の腕時計が欲しいなどといっていたらしい。記念品でも漁っていたのだろうか。

四六年四月、私たちは東京へ引き揚げることになった。私たちが疎開をした後、父は高砂の借家を引き払い、江戸川区小岩《こいわ》の友人宅に寄宿していた。長嶺さんといって、おじさんは、父の一中時代の親友で、おばさんは、母の一高女時代の親友だった。おじさんも、専売局に勤めており、夫婦に子どもはなかった。私たち母子三人は、とりあえずそこに転げ込んだ。といっても、三間しかない普通の家に子どもづれの四人家族が寄宿するのは無理な話で、小岩に居たのは、ごく短期間だった。小岩国民学校四年生になったことは確かだが、学校の位置もはっきりしない。金回りのいい友達に駅前の映画館に何回か連れて行ってもらったが、その場所も定かではない。

食糧事情が一番厳しかったのがこの時期。米や芋の代わりに、フスマや大豆粕《だいずかす》の粉が配給になった。鶏の餌にするフスマで作ったパンは、そう不味《まず》いと思わなかったが、人豆から油を搾った粕の粉で作ったパンは、食べられたものではなかった。それでも食べないわけにはいかなかった。戦後の食糧難時代の代表食のように言われるスイトンなどは、私にとってはご馳走であった。

焼け跡の子ども時代

次に住んだのは、現在の墨田区横川橋という焼け跡のど真ん中である。墨田区になる前は本所《ほんじょ》区といった地域である。本所といえば、東京の下町を代表する、最近、東京スカイツリーが建った近くである。

当時国電《こくでん》(現在のJR、当時はまだ省線といっていたような気もする)の錦糸町駅のプラットホームからは、京成電鉄の押上《おしあげ》駅までが見渡せた。一面の焼け野原にバラックが立ち並び、ところどころに、焼け残った、あるいは焼けただれたビルがあった。横川橋には専売局の工場があったが、そのほとんどが、空襲で内部は焼け、建物の外郭だけが焼け残っていた。しかし、事務棟の一部が焼け残っていて、一時、進駐軍に接収されていたが、接収解除になったので、内部を改装したり間仕切りしたりして官舎(職員寮)にしたのである。その一角に住むことになった。

学校は、近くの柳島国民学校に通うことになった。五年に進級するとき、柳島小学校から業平《なりひら》小学校が分離することになった。四一年、国民学校となった小学校は、四七年

業平小学校(間借りしていた柳島小学校)の校舎前にて．前列右から６人目が中島先生，２列目左から３人目が著者．

ふたたび小学校に戻っていた。しかし、焼け跡に残骸を晒《さら》していた業平小学校の改装が完了したのは、私たちが卒業した後だったので、私たちは卒業まで柳島小学校に間借りを続けた。柳島小学校から業平小学校卒業まで、担任は、中島三男しいう父より多少若い感じの先生だった。

この時代は、貧しくはあったが、楽しく、生き生きとしていた時期のように思われる。

働いて最初に賃金を得たのもこの時期である。錦糸町の飴《あめ》屋で飴巻をして、二〇円もらった記憶がある。夏休みでもあったろうか。きっかけはよく覚えていないが、そこで働く近所のおばさんについていって、自分も働いたのかもしれない。飴製造の最終工程で、小さく切った飴を紙で巻くのが仕事だった。ときどき店の主人が、「飴でも食べて遊んでおきな」と指示することがあった。ずいぶん年月も経てから気が付いたことだが、すでにこのころには、児童福祉法などが制定されていて、児童労働取締りの査察官が来ている、という情報でも入ったのではあるまいか。錦糸町界隈には、飴製造の個人企業が密集していたから、働いていた子どもは、私だけではなかったはずだ。

鉄くず拾いもやった。焼け跡は、鉄くず拾いの宝庫であった。鉛が一番高価で、銅(私たちの用語ではアカといった)、真鍮《しんちゅう》などと値段の順序があり、最下等は鋳物《いもの》だった。金属類をあらかた拾い尽くすと、次は、ガラス拾いに移った。

稼いだ金は、ほとんど本代になった。佐藤紅緑の熱血小説から、江戸川乱歩の探偵物、真田幸村や猿飛佐助、手当たり次第の乱読である。読み終わった本で貸本屋を始めた。というよりも、貸本屋をしながら、仕入れた本はまず最初に自分が読んだ、ということかもしれない。親たちもあきれ返っていたに違いない。だいぶ後になってから、母が語ったところによると、中島先生に相談したら、「生活力が旺盛でいいじゃないですか」と笑っていたという。

農業にも挑んだ。畑作りは、すでに佐敷時代に経験しており、好きでもあった。官舎に住んでいる人たちは、専売局の敷地の焼け跡を、片っ端から畑にしていった。私も大人たちにまじって、新崎家の農地を確保しようと努力した。花壇であったであろう場所も、テニスコートの跡も、空地という空地は、すべて畑になった。

大人たちにとっても激しいインフレの苦しい時代であった。五〇〇円ベースとかで、父たちの給与の支給は制限され、母も洋裁の内職をしていた。しかし彼らには、手っ取り早い鉄くず拾いや、他人と競争しながら畑地を確保するといったことはためらわれたのだろう。それでも父は、休みの日などに力仕事を手伝ってくれた。鶏もウサギも飼っていた。鶏小屋には、焼け跡の焼けた金網や、トタン板などを使った。

夏休みの宿題には、自分で育てた大きなカボチャを持ち込んで金賞をもらった。サツマイモを一〇貫目(三七・五キロ)も収穫して鼻高々であった。トウモロコシ、インゲン豆、ほうれん草、その他今では名前も忘れた様々な野菜を作った。共同便所から下肥をくみ出して撒《ま》いたりもした。もちろん、虫に食われたり、手入れ不足でウサギの餌にしかならないものもたくさんあった。一緒に農作業をしていた青年(専売局の若い職員)から、『無血革命』という本を借りたことがある。本のタイトルと、五円という定価しか記憶にない。いったいどんな政治談議をしていたのだろうか。

大人と一緒に働いていただけではない。子どもたち同士、群れをなして遊びまわっていた。自動車のほとんど通らない大通りでは野球ができた。たまに車が通るときは「タイム」となる。休業状態の工場地帯の脇を流れる掘割では、ハゼが釣れた。

集合住宅に住んでいたわけだから、子どもたちの関係も密で、自然に「子ども会」活動も生まれていたように思う。いまのように大人の指導員がいるわけではなく、子どもの群れが勝手に行動するのを親たちがハラハラしながら見守るといった形だったようだ。

ある時期私たちは、思いついて、毎晩、「火の用心」と拍子木《ひょうしぎ》を打って夜回りをしていたことがある。卒業後しばらくたって、私たちの後を、中島先生が見え隠れについて歩いていた、という話を聞いた。

学校で何を勉強したか全くといっていいほど覚えていない。よく廊下に立たされたことだけが記憶にある。ある日、一緒に立たされた連中を引き連れて、近くの交番に行き、「ぼくたちの先生は民主的でない」と訴えたことがある。面食らった若い巡査と先生の間でどんなやり取りがあったかは知らないが、先生は怒ろうともせず、「新崎、民主主義とは何かね」と尋ねた。

一方、戦後のすさんだ社会的風潮が、子どもたちの世界にも影響していたところもあった。ある時、学校の屋上で、手製のルーレットで、博打の真似事をしていたことがある。

「張った張った、さあ張った。張って悪いは親父の頭。貼らなきゃ食えない提灯屋。……」とやりながら、後ろに鋭い視線を感じて振り返ると、中島先生の怖い目があった。そのとき先生は何も言わなかったけれど、その後私たちが何か後ろめたい行動をしようとするとき、その時の先生の怖い目が私たちを引き戻したのではなかろうか。

それから四〇年近くたって、ある雑誌から、「思い出の教師」について、一〇〇〇字前後のエッセイを依頼されて、中島先生のことを取り上げた。その文章を私は次のように結んだ。

「戦後民主主義をみずみずしい感性で受け止めようとしていた教師たちの温かい日配りの中で、(当時の子どもたちは)のびのびと生活をしていたのである」(『子どもと教育』一九八八年三月号、あゆみ出版)と。

この雑誌を、定年退職後一七年目の先生に送った。その礼状に次のようなことが書いてあった。

「若かった頃、無茶をして過ごしてきた日々が思い出されるとともに、よくも教員が務まったものだと、今考えると冷や汗ものです。毎日の無茶が過ぎて田舎の学校を追い出され、東京では、表面は真面目を装っていたものの、化けの皮はあっちこっちではがれ、そのたびごとに周囲の人びとにもずいぶん迷惑をかけました。君のお父さんにはとりわけお世話になり、追い出されかけた寸前に助けていただいたこともありました。」

私は、中島先生を戦後初期の代表的教師像としてイメージしていたのだが、どうやら先生は異端者だったらしい。具体的なことはわからないが、停電の(あるいは消灯時間があったのかもしれない)真っ暗な職員室で、ストーブに薪をくべながら、先生や父たちが何事か話し合っていた記憶がある。いずれにせよ、当時は、教師と、子どもと、父母の距離は極めて近かった。それでいて、相互に助けあうことはあっても、干渉しあうことはすくなかったのだろう。

私のウチナーグチ環境

ところで、沖縄から東京(高砂)に疎開してきた母の両親は、われわれと一緒に福岡を経て熊本(佐敷)に再疎開することになったのだが、われわれが東京に引き揚げるときには、熊本にとどまらざるをえなかった。小岩や本所の工場跡では、われわれと同居は不可能だったからである。しかし、焼け野原になった沖縄には、老夫婦が引き揚げる場所もなかったらしく、われわれを追いかけるようにして熊本を引き払い、落ち着いた先が千葉県の稲毛《いなげ》であった。稲毛は、彼らの長男・柳一夫の疎開先だった。柳一夫は、入れ替わるように西武線沿線の長崎(豊島区)に引っ越していた。

稲毛と錦糸町は、総武線一本である。祖父・柳頂忠は、よく本所の私たちの所にやって来た。沖縄から持ってきた二丁の三線のうち一丁は、本所の私たちの家に置かれるようになり、やがて父に譲られた。祖父は、やってくると必ず三線を弾いていた。多分、高砂でも、佐敷でも弾いていたはずだが、その頃の記憶ははっきりしない。本所では、寮の集会室のようなところに近所の人も集めて、祖父が三線を弾き、私が踊っていた記憶がある。

祖父は、「上り口説《ぬぶいくどぅち》」「安里屋《あさどや》ユンタ」「唐船《とうしん》ドーイ」などから、さまざまな俗謡や童謡まで弾きまくっていた。私はウチナーグチ(沖縄語)の唄の文句は自然に理解できていた。祖父が三線に合わせて唄っていたそんな唄の一つに、「堂小屋敷のたんめーさい」がある。唄の文句は次の通り。

「どーぐゎーやしちぬ(堂小屋敷の)たんめーさい(おじいさん)、あたびーすぐいがめんそーらに(蛙を叩きに行きませんか)、うむにーかむくとぅまっちょーけー(芋煮を食べるまで待っていろ)、またーんまたん(待たん待たん)」

だが、私は、この「どーぐゎーやしち」だけは、どんな意味かわからないまま、何十年も過ごしてきた。すると二〇一四年五月一日号の『おきなわの声』(東京沖縄県人会の機関紙)に前県人会長の川平《かびら》朝清《ちょうせい》が、台湾生まれの自分に沖縄生まれの兄たちが最初に教えてくれたわらべ歌としてこの唄を紹介しているのに気が付いた。川平によればこれは、「おたまじゃくしは蛙の子、なまずの孫ではないわいな、それがなにより証拠には、やがて手もでる足もでる」の替え歌だという。さらに川平は「そのメロディーはアメリカ南北戦争、北側の愛国歌〝グローリ、グローリ、ハレルヤ〟です。それが日本に伝わったのが明治二〇年ごろ、沖縄にも届いていたのです」と解説している。

さっそく川平さんに連絡して、「堂小屋敷」とは何だろうと聞いてみた。すると沖縄タイムス社の『沖縄大百科事典』にも出ているという。確認してみると、なるほど「堂ぐゎー屋敷のタンメー」という項目があった。それによると、読み書き文筆に優れた久米村人《くにんだんちゅ》のうち、時勢に乗り遅れ、市場で、鯛・蛙・松明《とうぶし》などを売って生計を立てるようになった人びとが住む一帯を堂小屋敷と称したらしい。久米村人とは、中国から帰化したいわばエリートである。子どもの時からの疑問がやっと氷解したというわけである。

祖父から三線を譲り受けた父は、沖縄民謡はあまり得意ではなかった。「上り口説」などを引いているときもあったが、むしろ三線で「月の沙漠」などの童謡を弾いて聞かせてくれることの方が多かった。

中学生時代

中学は、日大一中(日本大学第一中学校)に入った。公立の新制中学は、まだ小学校に間借りをしていたり、午前、午後の二部授業が行われている時代だったが、私立中学は、五年制の旧制中学が、一年延長されて、三年制の新制中学と三年制の新制高校に分けられたというかたちであった。新設の公立中学よりも、私立のほうが落ち着いて勉強できるだろうというのが、親たちが私立中学を選んだ理由であった。

日大一中は、錦糸町の隣の両国駅の傍にあった。「ヤッチャ場」と呼ばれていた青物市場の威勢のいい掛け声が、学校からもよく聞こえた。家からは、都電か、自転車で三〇分弱、歩いてもいけない距離ではなかった。おそらく家から最も近くにあった私立中学だっただろう。

中学に進学したのを機に、貸本屋は弟に譲ることになった。農業にも手が回らなくなった。分数の計算もできないうちに、因数分解が始まったのには閉口した。転校を繰返していたことや時代の変わり目だった影響で、算数だけではなく、小学校時代に身につけるべき多くの基礎学力が抜け落ちていた。何しろ後に大学を卒業してからも、漢字はおろか、ひらがなの筆順も不正確だったのである。しかし、書道を別にすれば、読み書きができないわけではないから国語や社会は得意だったが、数学の苦手意識は抜けきれなかった。

部活は、卓球部と弁論部に所属した。卓球部は、遊び感覚だっただろう。弁論部は、いっぱし政治少年のつもりだったから張り切って入部した。部活は、高校生も一緒だった。弁論部では、発声練習と称して放課後、屋上で、大声を上げていた。中学に入る前から、新聞は熱心に読んでいたが、どの程度理解し得ていたかは疑問である。極東国際軍事裁判（東京裁判）の結果、東条英機などが処刑された時（一九四八年一二月二三日）の記事の切り抜きが残っている。五〇年のレッドパージや朝鮮戦争のころからは、同時代的記憶として明確に残っている。

休みの日には、友達を誘って、あるいは一人で、錦糸町から電車に乗り、御茶ノ水へ出て、ニコライ堂の坂を下って三省堂など神保町の本屋街を立ち読みをして歩くことがよくあった。田村泰次郎の『肉体の門』などを親に隠れて読んだのもこのころだろう。

雑誌では『リーダーズダイジェスト』なども拾い読みしていた。

　本屋街から、少し足を延ばせば、靖国神社である。わざわざではないが、それなりの想いをもって、靖国神社には何回か訪れている。

　すでに述べたように、鬼畜米英から「自由」と「民主主義」の守護神としてのアメリカへ、という転換についていけなかった私は、愛国少年のしっぽを残したまま、焼け跡で、戦後民主主義の時代を生きていた。「自由」と「民主主義」を掲げるアメリカが、都合の悪い言論や文化活動を抑制することも認識していた。中島先生や父たちが、大国《おおくに》主命《ぬしのみこと》を学芸会でやっても大丈夫かどうか、といった議論をしていたのを聞きかじっていたのかもしれない。

　有楽町の駅頭で、大日本愛国党の赤尾《あかお》敏《びん》の演説を聞いて共鳴したこともある。そんな反米愛国少年は、当然日本の歴史に強い関心を持っていた。その私の歴史認識は、たとえば、毎日新聞社刊の『新しい日本の歴史』(全七巻)などによって培われている。このシリーズの第一巻は、一九四六年一一月発行、少国民新聞編となっており、第三巻から毎日小学生新聞編となり、第七巻は、四八年六月発行である。このシリーズの発売を心待ちにしながら、錦糸町の本屋に足を運んだ記憶ははっきり残っている。

　このシリーズの執筆者には、松島栄一、和歌森太郎、家永三郎などの名前が並んでいる。これらの歴史学者が、新しい時代の小学生に、その時代に即した歴史の見方を伝えようとして書いた本である。反米愛国少年の私が、なぜこのシリーズを知ったか。それは多分、息子の性格や幼い政治的主張を知っていたリベラリストの父が、それとなく示唆したに違いない。私が、「ぼくはいずれ大日本愛国党に入る」といった時も、父は、さりげなく、「政党に入るのは、一八歳になってからだな」と、巧みに私を納得させてしまった。

父も死んでしばらくたったころ、沖縄に住んでいた私に、父の若いころの友人だったという人から電話があった。沖縄観光に来たので、会いたいという。会って雑談をしていると、この人は日大の相撲部に所属していたそうだが、学生時代、父に連れられて堺《さかい》利彦《としひこ》の演説を聞きに行ったことがあるという。そういえば、うちの欄間に、父の友人だという相撲取り姿の写真の額縁がかかっていた記憶がある。

ところで、反米愛国少年の私も、天皇や天皇制に親近感を抱いたことはない。そこが、教育勅語や歴代天皇の名前をそらんじていた少し上の世代との違いかもしれない。逆に、子ども同士が、「朕屁をひって、汝臣民臭かろう」などと囃し立てながら遊んでいた記憶がある。芋ばかり食べていた佐敷時代だったろうか。

本所には、中学二年の後半までいた。大井町線の九品仏《くほんぶつ》(世田谷区奥沢)に新しい社宅ができて引っ越すことになったからである。本所の専売局(四九年から日本専売公社)の工場も再開することになったようだ。九品仏から大井町へ出て、秋葉原で乗り換えて、両

荏原五中演劇部．左端(後方)が著者．

国へという通学は、ラッシュアワーにぶつかってたいへんであった。九品仏には半年ぐらい暮らして、同じ沿線の旗の台の社宅へ引っ越した。幾駅か通学路は短くなったが、あまり違いはなかった。

そんなこともあって、三年から、近くの品川区立荏原《えばら》第五中学校に転校することになった。

日大一中は、男子校だったが、荏原五中は、公立なので男女共学であった。専売公社の社宅から学校まで、歩いて一〇分もかからなかった。弁論部はなかったので、演劇部に入った。学芸会で菊池寛の「父帰る」を演じたらしい。記憶にはないが当時の日記に書いてある。新制中学は発足間もないこともあって、比較的若い教師が多かったような気がする。それだけ生徒との距離も近かったのではあるまいか。担任の工藤長一先生はそんなに若くはなかったが、中学を卒業した後も、同級生の進路相談のことで先生を訪ねたり、先生の奥さんが、母がやっていた編み物教室に編み物の注文に来たりするような間柄で、そうした点では、業平小学校と近い雰囲気にあった。米須《こめす》先生という図工の年輩の先生は、沖縄出身だということで、さっそく父を訪ねてきていた。

転校して一番困ったのは、音楽までペーパーテストがあったことである。当時都立高校への進学は、アチーブメント・テストという統一試験と、内申書で判定された。日大一中でも音楽の時間はあったが、ダボハゼという綽名《あだな》のチョビ髭の先生が、楽しげにピアノを弾きながら唄うのに合わせて声を出していればよかった。ところが、荏原五中では、というよりもアチーブメント・テストを受けるには、楽譜も読めなければいけないのである。これは、分数もわからないのに因数分解に出会った以上に大変だったような気がする。結局、アチーブメント・テストの音楽は、五〇点満点で二五点だった。それでも、内申書に助けられて、何とか都立小山台高校(旧制東京府立八中)に入学した。

二　沖縄との出会い――一九五〇年代の沖縄・日本・世界

高校入学と「四月二八日」

当時、都立高校は、幾つかの学区に分けられていた。小山台高校と同じ学区に、東京大学への入学者数全国一を誇る日比谷高校(旧制府立一中)もあった。小山台高校はいわば二番手の進学校であった。それでも、現役・浪人合わせて五〇人ぐらいは、毎年東大に入っていたのではあるまいか。制度改革で都立高校が地盤沈下し、ラ・サール、灘、開成などの私立高校が台頭してくる以前の話である。

小山台高校は、夏の甲子園を目指す高校野球の東京大会で、決勝まで進んだことでも知られていた。何よりも、家から最も近い都立高校であった。旗の台から大井町線に乗って、大岡山で目蒲線(現・東急目黒線と多摩川線)に乗り換え、目黒の二つ前の武蔵小山駅前にあった。通学時間は、三〇分ぐらいだったろうか。ただし、電車は、三角形の二辺を遠回りする形になるので、遅刻しそうになると、三角形の一辺を自転車で駆け抜け、それでも間に合わなくて、閉まった裏門を、自転車を担いで越えたことも何度かある。裏門の左手が武蔵小山駅の出口で、まっすぐ踏切を渡ると商店街が続き、踏切を渡った右側の線路沿いに映画館があった。

入学当初、一番うんざりさせられたのは、名前の呼び間違いである。出席簿は、アイウエオ順、男女別で、私は、安倍とか、新井の次で四番目なのだが、なぜか、「しんざき」とか、「にいざき」と呼ぶ教師が少なくなかったのである。一日に三回も四回も訂正するのは、まったくうんざりであった。ついでに付け加えておくと、当時の都立高校は、旧制中学は、男子三・女子一の割合で構成され、旧制女学校は、女子三・男子一の割合で構成されていた。変則的な男女共学である。戦後の教育制度改革に対する伝統派の抵抗が反映していたのかもしれない。

さて、入学してひと月も経たないうちに、「はじめに」でもふれた四月二八日がやって来た。校長が、全校生徒、教職員を校庭に集めて、日本の独立を祝って万歳を三唱した日である。校長の名は、岩本実次郎といった。

私は、中学時代から沖縄が日本から切り離されていることに対して、いわば「ふるさと喪失感」を抱いてきた。そしてそれを反米愛国イデオロギーで埋めていた。この時も、私を支えたのは、反米愛国イデオロギーだった。しかし、万歳をしないだけでなく、ヤジさえ飛ばしていた上級生のグループがいた。社研(社会科学研究班)や時事研(時事問題研

小山台高校１年時の弁論大会．演題「真の独立への道」が写っている．最後列右から５人目が著者．

究班)のメンバーたちである。彼らはすでに破防法(破壊活動防止法)問題などにも強い関心を示しており、三日後のメーデー事件の現場に居て逮捕された小山台高校の生徒もいたらしい。(メーデー事件というのは、五二年五月一日のメーデーで、使用不許可の皇居前広場に六〇〇〇人のデモ隊が結集、五〇〇〇人の警官隊と衝突し、二名が死亡、一〇〇〇人以上が検挙された事件である。「血のメーデー」とも呼ばれている。破防法は、この年七月に成立している。)

　政治少年だった私は、高校では、当然のごとく弁論班に所属した。六月には弁論大会があった。そこで私は「真の独立への道」というテーマで、再軍備による固有の領土奪還論をぶって、左派の連中の囂囂《ごうごう》たるヤジを浴びた。

弁論大会の前には、われわれと入れ替わりに卒業していた先輩たちが、後輩の指導にやってきていた。全員受験浪人だったと思う。その中の一人に横堀洋一がいた。リベラリストの彼が、私の再軍備論に、言論の自由を無視して論旨に介入するわけにもいかず、困惑の表情を浮かべていたのが印象に残っている。横堀さんは、ICU(国際基督教大学)を卒業し、共同通信の記者になって、早い時期に「沖縄――基地伊江島の悲劇」(『世界』五九年一二月号)を書いている。私は横堀さんと、沖縄を介して再会することになる。

しかし、独立万歳に反米愛国で反発した私にも、沖縄と日本、ウチナーンチュとヤマトンチュの間の境界線が見えてくるのに、そう時間はかからなかった。夏休みに入ったばかりのころ、ふと手にした雑誌『おきなわ』(第一巻第五号、おきなわ社、一九五〇年九月一日)に引用されていたマッカーサーの次の言葉に衝撃を受けた。

「沖縄諸島は、われわれの天然の国境である。米国が沖縄を保有することにつき、日本人に反対があるとは思えない。なぜなら、沖縄人は日本人ではなく、また日本人は戦争を放棄したからである。」

占領者、支配者としての発言ではあっても、「沖縄人は日本人ではない」というはっきりした発言に接したのは、この時が初めてであった。それから数日後、夏休みの生物の宿題であった押し花の新聞紙を取り替えていた時、東京新聞(一九五二年四月一一日)に掲載されていたレイ・フォークというアメリカ人記者の沖縄ルポが眼にとまった。レイ・フォークは次のように書いている。

「米軍の占領統治が始まってから七年、米軍に対する暴動やデモは、ただの一度も起こらなかった。住民全部が米人をすいているわけではないし、一部にはむしろ日本復帰を願っている人々もあろう。だがこれら住民は民政長官たるリッジウェイ大将にたいし、又前任マッカーサー元帥にたいし、なんらのゴタゴタも、もちこまなかった。……

住民の性質が温良なことは、米軍将兵を父親とする三千名もの運命の児たちを彼らが養っていることに察せられる。そしてその最初の子供たちはこの四月、もう小学校一年生なのである。沖縄へ赴任して六年というある米当局者は「沖縄の人々が、米人の血の流れた赤ん坊を持っていることを自慢して(い)るのに不思議はない。彼らはこういうことには、慣れっこで、米人がやってくる前は、日本の官吏が、往々細君を内地に残して住民の婦女を愛人にしていたんだものネ……」と語った。」

これもまた、占領者の目から見た沖縄である。だが、そこに描き出された沖縄人像は、まったく哀れで無気力なものであった。しかも、日本と沖縄の関係もまた、支配者と被支配者の関係にすぎなかったというのである。

私は、自分が立っている大地が崩れ落ちるのを感じた。後生大事に抱え込んでいた愛国心はまったく色あせ、日本それ自体がうつろな存在になった。それまで最も好きだった歴史(日本史)が、急に無味乾燥で馬鹿ばかしいものに思われてきた。もし、沖縄が日本でないのなら、私にとって日本の歴史など何の意味があるのか。

戦争とは何か

そうした状態の中で、追い討ちをかけるように、もう一つ別の衝撃が加えられた。この年の夏に出た『アサヒグラフ』の原爆被爆特集(五二年八月六日号)がそれである。私はそれを中学校時代の友人——彼女の家は、朝日新聞の販売店であった——に見せられたのである。そこには、筵《むしろ》の上に転がされた全身ケロイドの被爆者をはじめ、非戦闘員を巻き込んだ戦争の残酷な実態が示されていた。彼女もまたこれらの写真にショックを受け、誰かに見せなければ、と思ったのだろうが、当時の私と彼女の間の会話についてはまったく記憶に残っていない。いずれにせよ、原爆被爆の実態を戦後初めて国民の目の前に突きつけたのは、『アサヒグラフ』のこの特集であった。占領下のプレスコード(報道規制)は、こうした事実を国民の眼から覆い隠していたのである。

ところで、それから五〇年以上たってから、沖縄にも、この写真に衝撃を受けた青年たちがいたことを知った。「第一次琉大事件」で、大学を追われた四人の学生たちである。学生たちが「原爆展」で使ったのは、この『アサヒグラフ』の写真であった。(第一次琉大事件については、ぜひ、ブックレット『琉大事件とは何だったのか』(琉球大学教授職員

『アサヒグラフ』の原爆特集を用いた琉球大学の原爆展(1953年3月)(琉球大学教授職員会・大学人九条の会沖縄編『琉大事件とは何だったのか』より).

会・大学人九条の会沖縄編、二〇一一年)を読んでほしい。当事者たちの発言や多くの資料・記録とともに、『アサヒグラフ』(五二年八月六日号)の誌面が、縮刷で再掲載されている。)

　話を戻せば、軍国少年だった私も、戦争を全く知らなかったわけではない。高砂では、爆風で吹き飛ばされた赤ん坊の死体が池に浮いていたのを見たこともあるし、佐敷では、田んぼの畦道を歩いているとき、突然グラマンの機銃掃射に遭って溝に転げ込んだこともある。しかし、それらの断片的な体験は、戦前の教育や子ども向けの図書などによって、外から注入された空中戦や白兵戦に象徴される戦争イメージを打ち壊すほどの影響力はなかったのだろう。軍隊と軍隊の闘いという戦争イメージを完膚なきまでに叩き潰したのは、『アサヒグラフ』の写真群であった。

こんな夏休みを過ごして二学期が始まって間もないころ、私は、武蔵小山の商店街の本屋で、仲宗根《なかそね》政善《せいぜん》『沖縄の悲劇――姫百合の塔をめぐる人々の手記』(華頂書房、一九五一年七月初版、五二年一月訂正四版)を見つけた。それは、われわれ高校生と全く同じ年代の女子学生の体験した戦争の記録であった。こうして私は、「沖縄とは何か」「戦争とは何か」を問い返しながら生きざるをえなくなるのである。

「ひめゆりの塔」については、すでに二年ほど前に、石野径一郎の小説がある。多分そのことに私は気づいていなかった。『沖縄の悲劇』が、私が手にする一年以上前に出版されていたことに奥付で気づいたのも数年後のことである。マッカーサー発言を引用した雑誌『おきなわ』は、五〇年秋から父の書架にあったはずだが、その存在にも気づいていない。「沖縄」という文字が、父の書架からも、本屋の棚からも眼の中に飛び込んでくるようになるのは、やはり、五二年四月二八日以降のことである。

日本の歴史に興味を失った私は、父の書架にあった真境名安興《まじきなあんこう》らの『沖縄一千年史』(これは母の教師時代のものらしかった)や伊波普猷《いはふゆう》らの『琉球の五偉人』など手当たり次第に手に取ってみたが、予備知識のない高校生にとっては難解なだけであった。日本民芸協会が復刻したパンフレット、柳宗悦『琉球の富』(五二年一一月)を読んだのもこの時期だが、宗悦が絶賛した「琉球の富」の多くは、すでに戦禍に焼き払われて私たちが見ることは叶わなかった。日本舞踊家・西崎緑の、沖縄に取材した創作舞踊を中心にした沖縄舞踊・民謡・童謡などの公演を観に、一人で日比谷公会堂まで出かけたのもこのころである。祖父の三線以外に、本物の沖縄芸能に接した初めての機会だった。

「ひめゆりの塔」に話を戻せば、五三年一月、『沖縄の悲劇』をベースに、水木洋子の脚本、今井正監督で制作された映画「ひめゆりの塔」が公開された。私はこの映画を武蔵小山の映画館で観た。映画館の外に出ると、そこには、悲惨な映画の世界とは全く無縁に見える豊かな街の喧騒があった。私は、そのギャップに耐えられない思いであった。このころだっただろうか。特攻隊で息子を亡くした母親が、「こんな世の中になるのだったら、息子を死なすのではなかった」と新聞に投書していたのを読んだ記憶がある。だが、豊かな、といっても、現在と比べればなんとつつましやかな豊かさだっただろう。当時はまだ、武蔵小山の商店街には、ネオンサインもなかったのではあるまいか。

映画「ひめゆりの塔」は、当時日本映画史上最大といわれる観客を動員して、注目を浴びた。沖縄に対する社会的関心がきわめて希薄なこの時期に、このような映画が多数の観客を動員したのは不思議な気もする。しかし、戦後まだ七年しかたっておらず、国民の大多数の間に戦争体験の記憶が残っており、一方、対日平和条約の発効で占領下の報道規制が解かれることによって、自主的立場から戦争体験を見つめ直す機会が日本人に与えられたという時代的雰囲気からすれば、不思議ではないのかもしれない。『アサヒグラフ』の原爆被爆特集もこうした時代の産物であった。日本陸軍内部の残虐さを描いた野間宏の『真空地帯』が映画化されたのもこの時期であった(私は映画を先にみて、しばらくして小説を読んでいる)。

高校一年の時のクラス担任は、野々山正司という復員兵で、社会科担当の親しみやすい教員だった。あるとき彼は、感慨深げに『真空地帯』に触れ、「あれはぼくたちが実際体験したことなんだ」と語った。そして「ひめゆりの塔のようなフィクションとは違う」と付け加えた。私は彼に『沖縄の悲劇』を読ませて、彼の認識を正さなければならなかった。卒業してどれぐらいたったころだっただろうか。同窓会の場で、野々山さんがニコニコしながら近づいてきて「新崎君、今度ぼくの娘が沖縄の人と結婚したんだ」と報告した。

私にとって高校一年の時期は、軍国少年、愛国少年から脱皮するための葛藤の時期だった。だが一方で、中学三年から高校一年にかけての時期に父の漱石全集をほとんど読み終えていた。全集の欠落部分は、文庫本で補っていた。夏目漱石の世界は、私にとって、泥沼でもがくような現実の葛藤から抜け出して、一息つける浮世離れした平穏な世界だったのかもしれない。

二〇一五年頃になって、朝日新聞が漱石の作品の復刻連載を始めた。さっそく読んでみたが、中高生時代と全く印象が違っていた。はじめはなぜか不思議な感じがしたが、多分、日常を取り囲む時代的雰囲気があまりに変わりすぎているからではないかと気づいた。私たちの中高生時代は、まだ漱石の時代と共通する雰囲気が残っていたのではあるまいか。日清戦争や日露戦争は歴史的出来事として学んでいたが、日露戦争からまだ五〇年も経っていない時代であった。現在はそれからさらに六〇年以上が経過しているのである。

戦災校舎復興資金募集運動から生徒会活動へ

一九五三年になると、沖縄教職員会の働きかけで、沖縄の戦災校舎復興のための募金運動が始められた。

戦場となった沖縄では、ほとんどの学校校舎等が灰燼《かいじん》に帰していた。戦後の教育は収容所の野天教室から始まったが、軍事優先となった沖縄では、教育施設の再建などは後回しにされ、この時点になっても、多くの学校は、藁葺《わらぶき》で窓も床もない「馬小屋教室」と呼ばれる校舎で行われていた。そこで戦災校舎復旧費の一部を日本本土(ヤマト)で集めようということになったのである。渋沢敬三を会長に担いで沖縄戦災校舎復興後援会を作り、文部省や総理府南方連絡事務局などの協賛も得て、沖縄戦災校舎復旧費の約一割に当たる四億円を目標に、一口一〇円の寄付金を集めようということになった。復興後援会の事務所は、東京駅前の丸ビルにあった。私にこの情報を伝えたのは、多分、自分もこの運動にコミットしていた叔父の新崎盛敏《せいびん》(当時東大農学部助教授)のような気がする。さっそく丸ビルを訪ね、いわゆる「馬小屋教室」の写真が載った教育新聞(沖縄教職員会の機関紙)や、運動の趣意書などをもらってきた。小山台高校で募金活動をやろうというのである。二年生になって間もない五月末ごろのことである。

岡崎宏、木下速夫の二人の友人が協力してくれた。全クラスを回って、全教職員と生徒に趣旨説明をやり、売店脇に無人スタンドも置いた。当時の記録を見ると、教員は、大体一人三〇円を拠出してくれたが、一年の時のクラス担任の野々山さんは、二〇〇円、岩本実次郎校長は、一〇〇円出してくれている。どういう手段で集めたのか、PTA九六六円という記録が残っている。先輩一三七円の中に、岡市脩、川井忠勝という二人の弁論班の先輩の名があるので、彼らの協力があったのだろう。彼らはこの年大学生になっていた。売店のおばさんからも二五〇円の寄付をもらった。結局、小山台高校で二万五七八円を集めた。

私が当時入手した資料の中には、文部省調査局長・久保田藤麿、初等中等教育局長・田中義男から、全国の小中高校長にあてた協力要請文もあるが、はたしてこの文書は、全国の小中高校に届いていただろうか。小山台高校には届いた形跡はない。もっとも、届いたとしても、すでにわれわれの活動が展開されていたから無視されてしまったのかもしれない。渋沢敬三『沖縄戦災校舎復興に御同情賜った各位への報告——九百廿五万六千人の心』(一九五五年)によれば、募金期間は、五四年末まで延長され、全国の学校、生徒数の半数を上回る一万八一〇五校、九二五万一四二五名から、四八七七万七四七円、その他を合わせて総額六三一二万四〇一五円が集まったという。目標金額にははるかに及ばなかったが、後に屋《や》良朝苗《らちょうびょう》(沖縄教職員会会長)は、「この募金に応じてくださった一千万人の温かい心と行為は、沖縄にとって尊いものであった」(『沖縄教職員会十六年』労働旬報社、一九六八年)と感謝している。

後日談になるが、米民政府は、この募金の沖縄への送金を認めなかった。いわば、支配者としてのメンツをつぶされたからである。さまざまな折衝の結果、校舎建設には米民政府が助成金を出し、募金の金は、学校図書、地図掛図等の教育備品の購入に充てられ、「愛の教具」と呼ばれて各学校に配布された。

われわれの活動は、ひと月足らずで終わった。できることはすべてやり尽くしたからである。私には、沖縄の子どもたちに役に立つ運動ができたという、ひそかな満足感があった。多分、私が、泥沼の中でのたうち回るような心理状態から抜け出せたのは、戦災校舎復興資金募集の活動のおかげだろう。

私たち三人は、この募金活動の結果、学内の有名人になった。二学期になると、岡崎は、クラスを代表するルーム委員長に、私は、サークルを代表するグループ委員長になった。小山台高校生徒会は、ルーム委員長とグループ委員長が仕切ることになっていた。

当時の小山台高校の雰囲気を知る有力な手がかりとして、仏文学者・海老坂武《えびさかたけし》の自伝『〈戦後〉が若かった頃』(岩波書店、二〇〇二年)がある。海老坂さんは、私が入学した年の三年生。ピッチャーで四番という野球少年として有名だったが、「政治少年」でもあったので、弁論班にも籍を置いていた。演説を聞いたことはないが、弁論班の集まりでは、何度か顔を合わせていた。

小山台高校は、言論活動の活発な学校、政治活動が公然となされている学校だった。私は知らなかったが、海老坂さんによると、共産党細胞も存在した。

海老坂さんは、言論活動が最も活発に展開される場として、黒板新聞を挙げている。二階のフロアに置かれた大きな黒板に、新聞班員が、毎日、学内外の情報や何らかのテーマに沿った意見を書いていた。私などは、字が汚いので、教師になっても黒板に字を書くのは苦手だったが、きちんと新聞に割り付けするように、白墨で大きな黒板を埋めていく作業を感心しながら眺めていた。

もう一つの言論活動の場は、生徒総会(海老坂さんは「生徒会大会」と書いている)で、全校生徒が、午前・午後まる一日、講堂に集まって議論をしている風景は、今思うと壮観であった。現在では想像もできないだろう。確かに、「戦後はまだ若かった」のである。

もっとも、三年生の多くと、はじめから進学を目的に小山台に入った連中は、受験勉強を優先してサボっていたに違いないのだが。

あらかじめ構成されていた議長団の議事運営がおかしいといって、議長不信任動議が提出・可決され、議長交代が相次ぐ、といったこともあったが、何を議題にケンケンガクガクの議論をしていたのかは、思い出せない。海老坂さんのころは、毎回「下駄ばき解禁」決議が出されては否決されていたそうだが、私たちのころは、下駄ばき民族の末裔と称して、冬でも、朴歯《ほおば》の下駄を両手にぶら下げ、セメントの床を裸足で歩いている変な連中（私もその一人だったが）はいたが、「下駄ばきを認めろ」という要求が出されたことはない。「高校は予備校ではない」などというチラシを作った記憶はあるから、学校当局の受験体制強化に抵抗しようという議論はあったのかもしれない。海老坂さんが三年になるころから、そんな傾向が強まってきたらしい。それにしても、教師の立ち会いもなく、まる一日、生徒だけに時間を開放していたのである。

文化祭や体育祭の企画運営も生徒会に任されていたはずだ。何がそんなに忙しかったかわからないが、二年の二学期は、やたらに忙しく、放課後は、裏門のちょうど反対側にあった正門脇のプレハブの生徒会本部に詰めっきりだった。遅くなって学校の保健室のベッドに泊まり込んだこともあった。私は、親たちに文句を言われながら、三学期までグループ委員長を続けていた。

小山台高校には、定時制が併設されていた。全日制と定時制のどちらを選択するのかを決める基準は、基本的にはそれぞれの家庭の経済事情だった。当時の高校進学率は、まだ五〇％に達していなかったはずだ。私たちが夜遅くまで、何かバタバタしていた時、定時制の生徒たちは、薄暗い照明の下で、体育の授業のバレーボールなどをやっていた。昼働いて、夜高校に来る生徒たちの中には、茬原五中の同期生もいた。私は、自分たちが遊びほうけているような、申し訳ないような、後ろめたいような気持ちで彼ら彼女らの姿を眺めていた。

進路選択

一九五四年、私は、三学年に進級した。そろそろ具体的な進路も決めなければならなかった。沖縄の現状改革に役立つ仕事をやることは既に決まっていた。高校時代は、一人前に飛び回ってはいたけれど、虚弱体質は克服できておらず、しょっちゅう熱を出したり、鼻血を出したり、風邪をひいていた。したがって、肉体労働、体力を要する活動は無理だと自分で判断していた。小説家、ジャーナリスト、弁護士、政治家などが思い浮かんだ。小説家になるにはよほどの才能が必要だろうし、政治家も、政治党派もあまり好きではなかった。

左翼をもって任じている海老坂武さんは、高校時代は、社会党左派支持だったというが、私は、左派社会党にも批判的だった。大きな理由は、内灘《うちなだ》(石川県)米軍試射場反対運動はやっても、沖縄問題に対する明確な政策を持っていないということにあった。内灘は票になるが、沖縄は票にならないからだ、と私は勝手に解釈した。それに本土の基地が使いにくくなれば、米軍は、使いやすい沖縄を使うだろうと思っていた。当時の日記にそう書いてある。

弁護士になるには、法律について知らなければならないだろうと、戒能通孝の『法律入門』(岩波新書)を読んでみたが、ずいぶん難しく感じた。後で調べるとこの本は五四年二月に出ているから、読んだのは浪人時代かもしれない。いずれにせよ消去法で、ジャーナリストを目指してみようということになった。

三年になってしばらくすると、進路選択のための面談があった。ここでは、何になりたいか、ではなく、どの大学を受験するか、だけが問題であった。私は、自分の成績が、東大受験の学内基準をはるかに下回っていることを知りながら、「東大」といってみた。実は、どこを受験するか、具体的にはまだ考えていなかったのだと思う。担任は、「親がどうしても東大を受けろというのか」と聞いた。そういう親もいたらしい。家ではそんなことを言われたことはなかった。ただ、「家は金がないから、大学に行きたければ、公立にしろ」とは言われていた。何しろ、都立高校の授業料が月額一〇〇〇円だったこの時代、なぜか国立大学の授業料は年額九〇〇〇円だったのである。この時代は、まだ大学進学率が一〇%に達していなかった。すると担任は、「じゃあ、都立大か、教育大を受けたらどうか」といった。私は、「いや、東大を受けてみます」と答えた。機械的なランク付けに反発したのである。

その頃、われわれの間に、海老坂伝説とでもいうべきものが拡がっていた。この年海老坂さんは、東大に入学し、いきなり四番バッターとして、東京六大学野球の舞台に登場していた。海老坂さんは、野球がやりたくて東大に行った、といわれていた。ほかの大学ではレギュラーになれるかどうかわからないが、東大なら間違いなくレギュラーになれるから東大を受けた、というのである。自伝にはそんなことは書いていないが、サークル活動や生徒会活動に夢中になり、受験勉強をおろそかにしていた連中にとって、三年まで野球をしていても、一年浪人すれば東大ぐらいは入れるという海老坂伝説は、大いなる励ましであった。もちろん、私もその恩恵を受けた一人である。

この年六月、沖縄県学生会編『祖国なき沖縄』(日月社)が出版された。戦後初めての、まとまった、沖縄の現状報告ともいうべきものであったが、あまり広く話題になることもなかった(この本は、一九六八年に、太平出版社から復刻版が出ている)。

翌五五年一月一三日、朝日新聞が、社会面一面全部を使って、特集記事〝米軍の「沖縄民政」を衝く〟を掲載した。それまで、せいぜいベタ記事程度にしか沖縄を取り上げなかった全国紙が、沖縄の現状についてこれだけのスペースを使って本格的に取り上げたのは、戦後初めてであった。翌日は、社説でも取り上げられた。「朝日報道」は、米軍支配下に閉じ込められ、孤立していた沖縄にとって、まさに一〇〇万の援軍来たるの感があった。この記事は、米極東軍が反論をしたり、それを裏付けるために内外記者団を沖縄に招待せざるを得なくなったりと、大きな波紋を描いていった。

こうした動きは、怠けがちな私の尻を叩く鞭の役割を果たした。

さて、一九五五年度から、それまで国立大学の受験者に課していたアチーブメント・テストがなくなり、各大学独自の入試を行うようになった。東大は、一次試験で入学定員の五倍をとり、二次試験で五教科八科目を受験することになった。一次試験がどんな試験だったかほとんど覚えていないが、国語の部分に古語の読み方みたいなものがあって、「あれ、これはウチナーグチを知ってるやつが得をするぞ」と思った記憶が残っている。「沖縄で得をする」なんてめったにないことである。

二次試験は、一日目が国語と数学(解析Iと解析IIを選択)、二日目が社会(世界史と日本史を選択)と理科(化学と生物を選択)、三日目が英語だった。国語は勉強しなくてもできる自信があった。古文や漢文は、少し勉強せざるをえなかったが、東大の国語は、古文や漢文の比重が軽かった。数学は、解析Iと解析IIからそれぞれ三問、さらに解析Iの一問は、二題に分かれていた。私が解けたのは、解析Iのその二題のうちの一題、すなわち一二分の一である。惨敗であった。

東大では、この年だけ実施したのか、数年続けたのかわからないが、一次試験の合格者のうち、二次試験で不合格になった受験生を成績順にＡＢＣＤに四等分し、各人にそれぞれがどのグループに属するか通知してくれた。私は、Ｂグループだった。この結果を私は、数学で大穴を開けなければ、来年は合格可能と、自分に都合のいいように解釈した。

来年に備えて、予備校に行ってみようと思った。東大合格率抜群という駿台高等予備校というのに行こうとしたら、すでに定員の一〇倍の希望者がいた。東大以上の競争率である。試験を受けたら落ちた。と思ったら、補欠で入学を認めるという通知が来た。面白くなかったので、予備校には行かず、自分の計画に沿って勉強することにした。

浪人時代

家では能率が上がらないので、品川区立図書館を利用した。大井町駅から徒歩五分程度だっただろう。しかし、毎日同じことの繰り返しはなかなかうまくいかない。図書館にいくはずで家を出ながら、映画館に入ってしまうなどということも何度かあった。その頃見た映画で思い出せるのは、西部劇の一場面だけである。バート・ランカスター演ずる青い目のアパッチ族の「酋長」が、岩山の上から、眼下の白人に奪われた土地を指さし、「あれは俺たちの土地だ」と叫ぶ場面である。西部劇の一場面が、私には、伊江島、伊佐浜(宜野湾)の土地接収を連想させた。

沖縄事情は、「朝日報道」以来、少しずつ動き始めていた。米極東軍に招待された二五名の内外記者団のレポートが、ほぼ全部の全国紙や新聞社系の週刊誌に大きく掲載された。

生活がたるみがちになってきたので、二学期は新宿予備校という予備校に行くことにした。一応Aクラスだったが、毎週行われる主要科目の模擬試験ではBクラスの成績だった。しかし、クラス分けの試験の時だけは、Aクラスに入った。これまた、「俺は本番に強い」と自分に都合のいいように解釈した。紅露《こうろ》外語の夏期講習というものにも出てみた。

だんだん、大学受験だけにしか役に立たない数学の勉強に、時間の大半を割かれているような生活に、早く終止符を打たなければならないと感じるようになり、次の年度は、複数受験をすることにした。

一九五六年春、私は四つの大学に願書を出した。当時、国立大学は、一期校と二期校に分けられ、それぞれの試験期日は重なっていた。この制度は、沖縄返還後まで残っていたはずで、「琉大は一期校だが、鹿児島大学は二期校だ」とつまらない自慢をしている琉球大学教授もいた。

私は、一期校は前年と同じ東大文科二類に願書を出し、二期校は、横浜国立大学の経済学部と、東京外国語大学の中国文学科に願書を出した。二期校二つを同時受験することはできないのだが、とりあえず両方に願書を出しておいて、間際になって確定しようという算段であった。もう一つ早稲田大学政経学部政治学科を受験した。当時早稲田には、新聞学科というのもあって、どちらにしようかちょっと迷ったが、あまり早くから専門分野を限定する必要もないだろうということで政治学科にした。国立よりかなり高い学費も、アルバイトをすれば何とかなるだろうと考えた。

最初の試験は、早稲田である。受験科目は、国語、英語、社会(日本史)の三科目で、数学がないので楽であった。次が東大である。前年通り一日目は国語と数学である。数学は、解析Ⅰから三問、解析Ⅱから三問出題された。解析Ⅱには、「確率・統計」という分野があった。受験雑誌等の情報によれば、東大ではここ数年、この分野からの出題はない、ということであった。そこでこの分野は、はじめから勉強の対象から外していた。実社会では、この分野の基礎知識が役に立つかもしれなかったのだが、乏しいエネルギーをできるだけ有効に使いたかったのである。ところが、この年に限って、「確率・統計」の分野からの出題があった。問題の意味すら理解できなかった。しかし、どうせ時間内に六問に取り組むことはできなかったので、あわてることもなかった。結局数学は四問解いた。一問は時間切れである。数学で穴を開けなかったのだから、予想外の大成功である。前年の惨敗と対照的な成功で、二日目、三日目の試験は楽な気持ちで受けられた。

その直後に、早稲田の合格発表があった。少なくとも受験浪人には、終止符を打つことができたのである。とたんに、二期校受験に向けて勉強を続ける気力がうせ、毎日ごろごろしながら、父の世界文学全集(新潮社版)などを手当たり次第に読んで過ごした。ドストエフスキー『罪と罰』(中村白葉訳)、トルストイ『復活』(昇曙夢《のぼりしょむ》訳)、デュマ『モンテクリスト伯』(大宅壮一訳)などもこの時に読んだのではなかろうか。二期校の受験日に東大の合格発表があった。その頃は、受験番号だけではなく、姓名が掲示板に書き出されており、受験仲間の誰が合格して、誰が落ちたかはすぐ分かる仕組みになっていた。私も、発表を見に行く途中、五反田駅ですれ違った小山台同期の元島邦夫から、「お前の名前もあったぞ」と聞いていた。もっとも個人情報保護がうるさくなる前は、沖縄タイムスも、琉球新報も、琉大や沖縄大学など、各大学の合格者名簿を掲載していたのである。

大学入学

東大では、原則として、前期二年の教養課程は旧制一高跡の駒場のキャンパスで学び、後期二年は本郷のキャンパスで学ぶことになっていた。第二外国語の選択によってクラス編成が行われていた。私はドイツ語を選択したが、クラスの人数は、六〇人前後だったように思う。一学年二〇〇〇人の入学者がいるのだから、クラスの規模が大きくなるのは仕方のないことだったかもしれない。同じクラスのメンバーの顔と名前を一致させるのに苦労した。クラス担任は、シェイクスピアの研究者である日高八郎さん(六郎の弟)だった。家に遊びに行ったら、奥さんは、「パーさん」と呼んでいた。

入学して間もない頃、ほろ酔い加減で帰宅した父が、ドイツ語で"Es ist kalt heute(今日は寒いな)"といった。そこには、大学で学ぶことを志して上京しながら、結局挫折せざるをえなかった父の感慨が込められているように感じた。

大学に入ってカメラを始めた。カメラといえば、当時はかなり貴重なものだったはずで、中学や高校の修学旅行の時には、父が勤め先から借りてきた二眼レフをぶら下げていった。授業料の安い国立大学に入ったので、親がコニカを買ってくれたのである。押し入れに暗室まで作って、かなり本格的であった。

同じ頃、一冊の本に出会った。ヴェルコール『海の沈黙・星への歩み』(河野與一・加藤周一訳、岩波現代叢書。現在、岩波文庫)である。手に取ったのが、偶然だったのか、あるいは、当時、いわゆるレジスタンス文学が世上の話題になっていたからなのかは忘れた。いずれにせよ、この本は、後日、「あなたの一冊」といったアンケートの際に必ず思い出す本になった。訳者の一人、加藤周一は、「ヴェルコールについて」という「あとがき」ふうの解説の中で、次のように書いている。

「ナチ占領下のフランス国民は、ナチ及びペタン政府に対して、政治的に、軍事的に、また文化的に、あらゆる手段で抵抗したが、その抵抗のなかから戦前のフランス文学とは大いに異る独特の文学が生れた。その特徴は、一口にいって、作品が直接に体験的であることと、体験が単に個人的なものではなく、国民的なものであるということだ。そして、その……散文における代表的な作品の一つは、衆目のみるところ、ヴェルコールの『海の沈黙』と『星への歩み』とであろう。」

私自身の読後の印象を一言でいえば、支配者と被支配者との間に知的コミュニケーションを成り立たせ得る文化的共通基盤の存在をうらやむ気持ち、とでもいったらいいだろうか。

『海の沈黙』の登場人物は三人。元音楽家だったドイツ軍将校と、この将校をいやおうなく寄宿させざるをえなくなったフランスの知識人とその姪。二人のフランス人は、ドイツ軍将校の語りかけに対して、頑とした沈黙で応えている。にもかかわらず、ドイツ軍将校の一方的な語りかけの中で、三人の「相互理解」は深まる。そうして情景の向こうに、私は、一九五〇年代の米軍占領下の沖縄における支配者と被支配者の関係を見ている、というわけである。(『海の沈黙』は、戦後すぐに映画化されている。私は、その映画を、二一世紀になってから、那覇の桜坂劇場で観た。)

一九五七年一月には、ブロードウェーで上演されたヒット劇を映画化した日米合作の「八月十五夜の茶屋」という映画が上映された(沖縄でも上映されたはずだ)。グレン・フォード、マーロン・ブランド、京マチ子などが出演するこの映画は、沖縄における米軍政の独善性を風刺するものといわれたが、少なくとも沖縄人の立場から見れば、それは、圧倒的な文化的優位性を誇る支配者側の視点から見た占領政策批判にすぎなかった。少なくとも私はそう受け止めた。そこには、支配と被支配という政治的力関係を超えた相互理解を成立させるような文化的力が作用する余地は、まったく残されていなかった。ドイツのフランス占領と、アメリカの沖縄占領の間には、それだけの大きな落差があった。

「島ぐるみ闘争」へのヤマトの反応とその背景

プライス勧告反対闘争の爆発は、こうした時期のことである。

対日講和条約発効後の米軍の強権的な軍用地政策の展開に対して、琉球政府立法院は、五四年四月、一括払い反対、適正補償、損害賠償、新規接収反対という「土地を守る四原則」に基づく「軍用地処理に関する請願」を全会一致で可決し、軍用地主団体などとともに米側に強く政策変更を要請した。この要請にこたえる形で、米下院軍事委員会は五五年一〇月、M・プライスを団長とする調査団を派遣した。沖縄住民は、軍部とは違う議会の調査団に大きな期待を抱いたが、翌五六年六月に発表された報告書(プライス勧告)は、住民の期待を完全に裏切るものであった。このプライス勧告を契機として「島ぐるみ闘争」が大きく燃え上がることになった。
闘う主体としての沖縄民衆が、歴史上に登場してきたのである。これからしばらく、沖縄がしばしば全国紙の一面トップに登場した。沖縄問題は、国境を越えて、モスクワ放送や北京放送でも取り上げられた。「太平洋のキプロス」といった表現も使われた(このころ、キプロス島では、イギリスの支配から抜け出そうとする民衆の闘いが高揚していた)。その理由は何だろうか。

「朝日報道」以来、間歇《かんけつ》的にではあるが、沖縄の現状やアメリカの対沖縄政策などが大きく報道されるようになっていた。沖縄の現状は、少なくともマスメディアの上では、悲惨さや惨めさが強調され、民衆の抵抗や闘いはほとんど伝えられていなかったが、それでも、「沖縄」に反応する素地はできつつあったのかもしれない。

もう一つは、五六年七月八日には、第四回参議院議員選挙が予定されており、沖縄問題は、各政党にとって格好の争点になった。前年の五五年一〇月、サンフランシスコ二条約(「対日平和条約」および「日米安保条約」)に対する評価の違いから左右に分裂していた社会党が統一し、これを受けて翌一一月には、保守合同によって自由民主党が成立していた。いわゆる五五年体制の成立である。これより先(七月)、共産党が第六回全国協議会(六全協)で、極左冒険主義を自己批判し、再出発のための新方針を発表していた。

そしてこうした動きの背後には、サンフランシスコ二条約によって成立した日米関係

「島ぐるみ闘争」の頃，駒場の級友たちと（著者が撮影したと思われる）．

の矛盾の表面化があった。各地で、空軍機のジェット機への切り替えによる滑走路延長をはじめとする基地拡張問題が起き、五五年九月から一一月にかけて、東京の砂川町（現立川市）では、立川基地拡張問題に伴う強制測量をめぐって、地元反対派住民、労組、学生と警官隊が衝突し、反米ナショナリズムが高揚していた（五六年一〇月、政府は二度目の強制測量を実施しようとして反対派と衝突。一〇〇〇人を超える負傷者を出し、測量中止が決定された。私はその現場にはいなかったが、それ以前に何回か学生集団の一員として砂川を訪れていた）。

デモの中では、必ずといっていいほど「民族独立行動隊の歌」が唄われていた。プライス勧告を直接的きっかけとする島ぐるみ闘争は、戦後日本の反米ナショナリズムと、うまく共振しえたのである。同時に、私は、日本の反基地闘争が、沖縄返還運動と結びつかない限り、米軍基地の沖縄へのしわ寄せを結果するであろうことを早くから感じており、またそのことをさまざまな発言の場で主張し続けていた。

島ぐるみ闘争の報が伝わると、全学連(全日本学生自治会総連合)は、琉球大学学生会に対し、「祖国復帰と民族の権利を目指す琉球大学全学友の正義の闘いを支持する」と激励電報を打ち(東京タイムス、六月二二日)、他の団体に先駆けて赤坂のアメリカ大使館に抗議デモを行った。私はこの時、東大教養学部自治会のクラス代議員だった。クラス代議員は、自治会の最も末端の役員で、その上にクラス自治委員がいた。代議員大会が、一応学生総会に代わる自治会の最高意思決定機関だったのではないかと思う。当時、自治会の執行部は、ほとんど共産党員によって占められていたのではあるまいか。

日本共産党は、アカハタの号外(六月三〇日)のトップに、「国土死守、〝静かなる闘争〟、燃えたぎる日本民族の心」という見出しを掲げて、沖縄の闘いの実情を紹介していた。社会党の鈴木茂三郎《もさぶろう》委員長は、「米国政府が……沖縄を永久に支配下に置く意志を表明したことは民族の興廃に関する……社会党は、今後サンフランシスコ条約改定と日米安保条約の廃棄を目指して闘う」(朝日新聞、六月二〇日)と述べていた。新聞の投書欄などにも、沖縄への共感を現す声があふれていた。

当時は、鳩山由紀夫の祖父の鳩山一郎政権(五四年一二月—五六年一二月)の時代であった。鳩山政権の中心的外交課題は、日ソ国交回復交渉であったが、領土問題で行き詰まり、五六年三月二〇日以降、日ソ会談は、無期限休会になっていた。そこに沖縄問題が飛び込んだのである(日ソ交渉は五六年七月三一日再開、一〇月一九日、日ソ国交回復共同宣言)。鳩山一郎も、外相の重光葵《まもる》も、孫崎享『戦後史の正体』創元社、二〇一二年)が、対米自立派と位置づける政治家である。だが彼らは、対日平和条約の遵守を盾に、沖縄問題への介入に慎重だった。異色だったのは、牧野良三法相と法務省であった。

法務省は、「沖縄住民は日本国民であるから、日本政府は在外国民に対する保護権にもとづき、米国政府の施策に干渉する権利がある。プライス勧告が不当であるならば、この権利の行使によって米国政府に対し、この勧告を採用しないよう要求すべきである」という見解をまとめた。牧野法相が記者会見でこれを発表、各紙は、爆弾発表として一面トップでこれを報じた。「領土」よりも、「人民(国民)」を重視するこの見解は、日本の政府関係者としては、例外的なものといえるだろう。

重光外相は、あわてて「米国が条約により沖縄に施政権を行使している以上、外交保護権といっても空想的な話だ」(東京新聞、六月二九日)とこれを打ち消した。一方、自由民主党は、「参院選挙中において、世論の支持しているこの問題に弱腰を示すことは得策ではないとの判断から」(産経時事、六月二七日)沖縄住民の立場を全面的に支持することを決めた。

こうして、アメリカ独立記念日の七月四日、参院選投票日の四日前、日比谷野外音楽堂で、約八〇団体が主催する「沖縄問題解決国民総決起大会」が開かれた。参加者は六〇〇〇人と発表された。壇上には、自民党から共産党までの代表が並び、私は、全学連傘下の学生として参加していた。「超党派」という意味では、これ以上のものはなかった。この日の前後に、全国各地で同じような大会が開かれた。多分、大阪における大会が最も規模が大きかったのではなかろうか。各大学や職場に数多くの「沖縄を守る会」が生まれた。沖縄問題解決国民総決起大会の主催団体は、沖縄問題解決国民運動連絡会議(沖縄連)を結成した。だが、運動それ自体は、現実的効果を上げえないまま、急速に退潮していった。

当時、私の家には、叔母(父の妹)奥里千代が寄宿していた。叔母は女子師範を卒業して教職にあり、戦時中は熊本に疎開していたが、戦後沖縄に引き揚げた後も教員を続けていた。彼女は、五六年度の留日琉球派遣研究教員制度による研究教員として、半年間在京しており、その間我が家に寄宿していたのである。在京中に島ぐるみ闘争が勃発したため、彼女たちは、派遣先の職場やそれと関連する場所で沖縄の現状報告をさせられることになった。沖縄教職員会からは、「臆せずに語れ」という指示が来ていたようだ。逆にいえば、島ぐるみ闘争以前は、暗黙の言論抑制があったということである。彼女は、私にとって、またとない情報源であった。彼女たちのヤマトにおける感想なども、私の最初の著書『沖縄問題二十年』(中野好夫《よしお》と共著、岩波新書、一九六五年。後述)の中に、ひそかに織り込まれている。

その『沖縄問題二十年』の中で、私は、「一般民衆の間に、沖縄を包み込もうとする強烈な民族的共感があったにもかかわらず、運動が急速に後退していったのは何故か」と問い、「それは、民衆の民族的エネルギーを正しく吸いあげ、それを沖縄返還運動の方向に組織化していく、明確な方針が欠けていたためであった」としている。そしてその原因として、超党派主義の自己目的化と、ヤマトと沖縄の基地問題の本質的差異(日本から分離され、米軍政下におかれていること)の意味を理解し得ていないこと、の二つを挙げている。もとより、島ぐるみ闘争自体の混迷も追加しておかなければならないだろう。しかし、それとは次元の異なる世界史的事件の衝撃もまた、あったのである。ハンガリー動乱やスエズ戦争(第二次中東戦争)がそれである。

ハンガリー動乱そしてスエズ戦争

一九五六年は、「戦後はもはや終わったのか?」といった論議が盛んな年であった。戦後一〇年、いまだ戦争の生々しい記憶を残しながらも、新しい時代への兆候も見えないではなかった。二月のソ連共産党第二〇回大会が、社会主義への平和的な移行を認め、戦争の不可避性を否定して、資本主義と社会主義・両体制の平和共存を打ち出したのも、その一つといえた。この二〇回大会の秘密会で、フルシチョフ第一書記がスターリン批判の演説を行い、その内容が、六月になって米国務省から発表された。スターリン批判は、東欧社会主義圏を動揺させた。島ぐるみ闘争が爆発した同じ六月下旬、ポーランドのポズナニでは反政府暴動が起こっていた。反政府暴動は、一〇月、ハンガリーのブダペストに飛び火した。

ポーランドでは、体制内の権力移譲によって事態は一応収拾されたが、ハンガリーでは、ソ連軍による暴動鎮圧の中から誕生した新政権が、ワルシャワ条約脱退と中立を宣言し、再度のソ連軍の本格介入によって作り出された政権がハンガリーをソ連圏に引き戻すことになった。

アメリカ帝国主義と対峙していた日本の学生運動にとっても、ハンガリー動乱は、大きな衝撃を与えた。学生自治会執行部は、これをアメリカ帝国主義の策略として説明しようと躍起になっていたが、著しく説得力を欠いていた。代議員大会などでの彼らの態度には、マルクス主義で理論武装している自分たちは、ブルジョア・ジャーナリズムを情報源としている一般学生とは違う科学的分析力を身につけている、とでも言いたげな傲慢さだけが目立っていた。当時、私にとって、ハンガリー動乱の論評で最も納得がいったのは、サルトルの『スターリンの亡霊』(白井浩司訳、『世界』一九五七年四―六月号、人文書院、一九五七年)だった。

こうした内外情勢の中で、私は、支配抑圧に抵抗する歴史的主体としての民族の役割を高く評価する立場に立っていた。沖縄や砂川のみならず、キプロスでも、ハンガリーでも、そしてアラブでも、多様な歴史と文化を持つ民族が、不当な支配抑圧との闘いに起ちあがっていた。ハンガリー動乱とほぼ時を同じくして、スエズ戦争が始まっていた。「非同盟」政策を掲げ、スエズ運河を国有化したエジプトに対して、英仏が、イスラエルを誘って戦争を仕掛けたのである(結局、ソ連の威嚇とアメリカの批判によって英仏軍は撤退)。

瀬長那覇市長の登場と追放

一時期沖縄情報が少なくなっていた全国紙などのメディアを再び沖縄に注目させたのは、一九五六年一二月二五日に投開票が行われた那覇市長選挙であった。反米的共産主義政党として米軍に敵視されていた沖縄人民党の書記長・瀬長亀次郎《せながかめじろう》が当選したのである。保守系の仲井間宗一《なかいまそういち》と仲本為美《いび》の争いの間隙を縫って漁夫の利を得たところがある選挙結果ではあったが、狼狽《ろうばい》した米民政府は、那覇市の都市計画への融資の中止を指示したり、民政府補助金をストップしたりして余計に波紋を大きくしていた。年が明けると、沖縄から状況説明のために人民党の大湾《おおわん》喜三郎が上京してきたので、私も彼を囲む集会に顔を出したが、彼の訥弁《とつべん》と聞き取りにくい訛《なま》りの強さには、いささか閉口した。そうこうするうちに、一年次も終わりに近づき、二度目の期末試験がやって来た。

私の二学期間（一年次）の単位取得状況や成績は決して芳しいものではなかった。東大では、三学期間（二年次の前半）までの教養課程の成績で、専門学部学科の進学が決定することになっていた。ジャーナリスト志望の私の第一希望は、社会学科への進学であったが、社会学科への進学希望者はかなり多く、私の二学期までの成績では、進学はおぼつかなかった。私はまた、点数稼ぎの勉強をせざるをえなくなった。といっても、受験勉強とは違ったゆとりもあり、二年次になると、弓術部に入っている。それは、駒場寮への入寮の手段でもあった。旧制高校時代全寮制だった学内の駒場寮は、地方から上京してくる学生で満杯になっており、三鷹市にも寮が作られていた。それでも、サークルに所属していると、欠員が出た時など、寮に潜り込む機会があった。私の弓術部への入部は、弓を引くだけでなく、旧制高校的寮生活にあこがれていた入寮への迂回路でもあった。

こうして、弓術部へ入った私は、やや遅れて駒場寮の住人にもなるのだが、この時期、私の体調は最悪の状態にあった。慢性的な気管支炎や下痢に悩まされ、学内の診療所でしょっちゅう薬をもらっていた。寮の風呂場の鏡に移った体は、文字通り骨と皮であった。身長一六五センチに対して、体重は四七キロぐらいだった。そんな状態から抜け出そうと、禅に関心を持って、関連した仏教書なども読んでいた。禅への関心は、鹿児島から上京してきていた染真憲《そめまさのり》という変わり者の友人の影響でもあった。そんな状態にありながらも、九月の学期末試験では、それなりの成績を収め、希望通り社会学科への進学が可能になった。

その間那覇市では、市議会による市長不信任案の可決、市長による市議会解散、市議選での市長派の躍進で二度目の不信任が困難になる、などの事態が展開していた。これらの断片的なニュースを系統立てる当事者の声として、瀬長亀次郎の「アメリカは民主主義の旗をおろしたのか――那覇市長は訴える」が『世界』五七年五月号に、「沖縄基地権力者の良心」が一〇月号に掲載されていた。

五〇年代から六〇年代にかけては、いわゆる論壇が、全国紙などのメディアに先行して、政治的思想的社会的論点の提起や世論形成に大きな役割を果たしてきた。しかし、沖縄問題については、いわゆる論壇誌も、そこで活動していた言論人も、完全に出遅れていた。〝先駆性〟を誇る学生運動も、完全に〝ブル新〟(ブルジョア新聞)の後塵を拝していた。「朝日報道」が口火を切る形で報道されるようになった沖縄問題も、新聞や全国紙系の週刊誌止まりで、論壇誌に取り上げられることはまったくといっていいほどなかった。

後に、沖縄問題をもっとも持続的に取り上げるようになる雑誌『世界』でさえ、島ぐるみ闘争が勃発した直後は、わずか三ページの解説記事、岩下忠雄「起ちあがる沖縄」（五六年八月号）を載せただけである。岩下は、朝日新聞の社会部記者で、自由人権協会の調査をもとに「朝日報道」を組み立てた中心人物ではなかったろうか。

次いで九月号では、真野《まの》毅《つよし》「沖縄問題の法律観」、加藤周一「君よ知るや南の国」、加藤一郎「沖縄の現状」、安里積千代《あさとつみちよ》／翁長《おなが》助静／仲井間八重子／仲宗根《なかそね》悟《さとる》「祖国への願い――沖縄の声」が特集されている。真野毅の肩書は、最高裁判所判事である。彼は、外交保護権を行使して、沖縄住民の権利を保護すべきだとして、牧野良三法相や法務省の見解を支持していた。それは、アメリカの統治権に服従の義務があるから、せいぜい政治的、あるいは道義的斡旋ぐらいしかできないという著名な法学者・横田喜三郎などの見解と明確に対立するものであった。六〇年代末の東大闘争のころ総長となる加藤一郎東大助教授が、現地報告を書いている。ちょうどそのころ、彼は、琉球大学で集中講義をしていたのではあるまいか。その後もしばしば『世界』誌上で沖縄について語っている。座談会をしている沖縄社会大衆党委員長・安里積千代、那覇市と合併する前の真《ま》和志《わし》市長・翁長助静、沖縄婦人連合会理事・仲井間八重子、沖縄青年連合会事務局長・仲宗根悟は、陳情・請願のため上京中であった。

那覇市長問題に話を戻せば、五七年一一月、モーア高等弁務官は、布令によって市町村自治法や市町村長選挙法を改正し、市長不信任の条件を緩和すると同時に、瀬長亀次郎の被選挙権を剝奪した。さっそく全学連は、アメリカ大使館へ押しかけた。といっても、数は一〇〇人を超えていただろうか。常連の活動家たちが多く、一般学生といえば、私ぐらいのものだったかもしれない。全学連の委員長は、香山《こうやま》健一、後の学習院大学教授である。当時の大衆運動に対する規制は、現在に比べれば、それほど厳しいものではなかった。アメリカ大使館の門まで、隊列を組んで行くことに何の支障もなかった。大使館側も、抗議の申し入れに対して、短い時間ではあったが、それなりの対応をした。

代表者が門の中に入り、大使館側の係官と面談している間、デモ隊は、大使館の閉じられた鉄柵の門扉の前にたむろして雑談していた。そんな時、「沖縄ではなぜゲリラ闘争は起こらないのだろう」といった会話が聞こえてきた。見ると面識のない連中だったので、聞耳だけを立てていたが、彼らの中では、「闘い」といえば、すぐに六全協以前の山村工作隊的なイメージが想い起こされたのかもしれない。その会話に、私は強い違和感を抱いた。沖縄の非合法共産党にも届いていた「武装闘争の準備」指令を沖縄側が黙殺していたといった話を知るのは、半世紀も後のことだが(加藤哲郎・国場幸太郎編・解説『戦後初期沖縄解放運動資料集』第二巻、不二出版、二〇〇四年)、私たちには当時から、沖縄戦の体験を経た沖縄では武装闘争などあり得ないという確信に似た想いがあったように思う。

大使館から出てきた香山たちの報告によれば、強権的非民主的布令に対する抗議について、大使館側は、沖縄側の多くの人たちの要請を受けて、やむを得ず布令を出したのだと弁明し、沖縄の有力者の名を連ねた陳情書などを手渡した。一一月二四日、高等弁務官室が発表した陳情書の全文は、次のようになっていた。

「那覇市政の混乱は法の不備を悪用する危険なる政治的陰謀である。これをその儘《まま》にしておくことはやがて同様な事態が全琉球の政治経済を混乱せしめ全住民の福祉を阻害し、不幸なる事態を招来せしめる原因となる事は明白である。然《しか》もこれを改善せんとする全琉球住民の願望は、現行法の不備によって阻止されている。琉球政治の最高責任者たる高等弁務官の責任に於いて今日の那覇市政を混乱より救い、全琉球住民の暗い不安を一掃し、一日も早く明るい民主主義政治を展開せしむる方策を確立していただきたく熱望し、要請致します。」

陳情書には、沖縄市町村会会長・吉元栄真、琉球商工会議所会頭・富原守保、同副会頭・竹内和三郎、琉球海外協会会長・稲嶺一郎、琉球工業協会会長・宮城仁四郎、琉球建設業協会会長・国場幸太郎、真和志市長・翁長助静ら二四名の名前が連ねられていた。

次の市長を選ぶ那覇市長選挙は、瀬長の後継者と目された元社大党那覇支部長の兼次《かねし》佐一《さいち》と、事実上の保革連合候補となった平良《たいら》辰雄・元沖縄群島知事の一騎打ちとなった。翌五八年一月一二日に行われた選挙結果は、僅差で兼次佐一が勝利した。この結果に感激した私は、一月一三日の日記に次のようなことを書いている。

「ハンガリア人民は戦車の下敷きになった。どうにもならない絶望感があった。しかし、ここに驚くべき、しかし確実な事実がある。混乱する政治、壊れた橋、あふれる川を見ながら、自分たちの家が水浸しになるのを知りながら、あらゆるニヒリズムを払いのけ、那覇市民は自治を宣言した。力強い闘争宣言が行われた。自由こそすべてであることを全世界に宣言した。偉大なる那覇市民に、ただ頭が下がるのみである。」

本郷キャンパスへ移る

一九五八年四月、私は、社会学科への進学の成績水準を何とかクリアして、本郷キャンパスに移った。本郷には、一九四九年に設立された新聞研究所があって、研修期間二年の専門課程の学生を教育する研究生制度があった。学内外から研究生を募集していたので、その試験を受けて、研究生にもなった。講義は、夕方に組まれていたように思う。もっとも、新聞研究所で記憶に残っているのは、この年の夏、谷川岳の寮での合宿に参加して谷川岳に登ったことぐらいで、研究生の課程を修了しているわけではない。しかしなぜか、新聞研究所設立四〇周年の記念品が送られてきている。

ゼミは、日高六郎ゼミに入った。マスコミ志望の学生は多分みんな日高ゼミだったただろう。日高六郎さんは、新聞研究所と社会学科を兼務していた。日高さんの講義は「読み切り講談」といわれていた。当時は、一コマ一一〇分授業だったような気がするが、二〇分以上遅れて教室に入ってきて、その日の朝刊の記事などを取り上げて、ノートもなしに雑談調の話をしているのだが、終わってみると「社会的階層と社会的性格」という講義のテーマに即した、完結した話になっていた。ともかく聞かせる講義だった。

　ゼミでも参加者の関心のあるテーマについて発表させていた。そこで張り切って『日本の縮図・沖縄』というテーマで発表したら、「どこが、どのように縮図なのかもっと具体的に説明する必要があるんじゃない」と、やんわりと指摘された。

　休みの日に、ゼミの仲間と鎌倉の日高さんの家を訪ねたことがある。よく手入れされた庭のある屋敷だった。日高さんは留守で、品の良いお母さんが出てきた。お母さんの「うちの六が……」という言葉だけが耳に残った。

　福武直《ただし》さんの農村調査実習で岩手県湯田町に行ったのもこの年である。『福武直自伝社会学と社会的現実』(東京大学出版会、一九九〇年)には、「同町の安い温泉宿に泊まり、周辺の農村を調査した。この年は、安い費用で温泉にまで入れるというので、他学科の学生も多数参加し、総勢五〇人を超えた。このときは、農家の暮らしを体験させるために一日だけ分宿させてもらった」と書かれている。安い宿で温泉に入ったことや、どんな調査をしたのかは全く覚えていないが、囲炉裏の傍の土間に、つまり屋内で馬が飼われていたこと、どぶろくを恐る恐る飲んだことなど、数名ずつ別れて農家に分宿した記憶は鮮明に残っている。それから五〇年以上たって(二〇一二年)、元同級生数人と、ここを再訪した。町村合併で西和賀町と名称も変わり、東北の原風景のような重々しい茅《かや》葺《ぶき》屋根は一つもなくなり、どこにも馬の姿を見ることはなかった。

助手の松原治郎さんに率いられて、千葉県の勝浦で漁村調査をやったのもこの時期である。これは授業の一環ではなく、アルバイトではなかったか、と思う。数人の希望者だけが参加した。台風で宿に閉じ込められて、麻雀をやっている写真が残っている。麻雀を覚えたのもこの時期だろう。

それまで長髪だった頭を丸刈りにして、家庭教師先のお手伝いさんに托鉢《たくはつ》に来た坊さんと間違えられそうになったのもこの時期。何か心機一転を期してのことだったのだろう。

三　戦後初めての沖縄訪問、そして六〇年安保

「安保は重い」――ヤマトと沖縄の溝

那覇市長選挙後、沖縄では、兼次佐一《かねしさいち》を中心にするグループが沖縄社会党（日本社会党沖縄県本部）を結成し、人民党と社会党が沖縄繊維社の争議をめぐって対立を深め、土地闘争も終息に向かいつつあった。米軍が発行したB円軍票が、ドルに切り替えられたのは、一九五八年九月である。島ぐるみ闘争によって揺らいだかに見えた沖縄の分離軍事支配の体制が立て直された時、代わって浮上してきたのが安保改定交渉であった。すでに、五七年六月に訪米した岸信介《きしのぶすけ》首相（安倍晋三の祖父）とアイゼンハワー大統領との日米共同声明では、「条約改定」は明記されていなかったが、「一九五一年の安全保障条約が本質的に暫定的なものとしてつくられたものであり、そのままの形で持続することを意図したものではないとの了解を確認する」という回りくどい文言で、安保改定に踏み出す意思が表明されていた。そのためには、沖縄の土地闘争の終息やヤマトの反基地闘

争の鎮静化など、いくつかの条件整備が必要であった。

この共同声明で戦後初めて、日本の総理大臣は、沖縄・小笠原の「施政権返還についての日本国民の強い要望を力説した」。東京新聞(五七年六月二一日)によれば、日本側が米側に提出した草案では、「沖縄施政権の日本返還の期日を一〇年後とし、住民の権利を尊重する」となっていたという。

もう一つは「一切の米地上戦闘部隊の撤退」を含む在日米地上軍の大幅削減がうたわれていた。この撤退した地上戦闘部隊(その主力は海兵隊)が沖縄へ移駐してきたことは、今では、少なくとも沖縄では、知らない者はいないが、当時からヤマトでも「本土撤兵のしわ寄せ」(東京新聞、五七年六月二八日)という指摘はあった。

安保条約改定は、五八年九月、藤山(愛一郎)・ダレス会談で合意され、一〇月四日から改定交渉が開始された。改定交渉は、政府が警職法(警察官職務執行法)改正案を国会に提出したため、騒然とした政治状況が醸し出されて、一時中断されたが、その間、中国やソ連は、安保改定に関連して日本の中立化を期待する声明を出したり通告を行ったりしている。

安保改定交渉初期の論議は、新条約の適用範囲であった。政府側の論理は、沖縄返還を要望している以上、適用地域に含めないと筋が通らない、というものであった。また沖縄を含めるほうが「社会党(改定反対派)と対決する際に〝戦術〟上むしろ有利である」

(朝日新聞、五八年一〇月六日)からだと見られていた。岸首相は、国会で、「条約改定によって、沖縄で共同行動ができるようになれば、それは施政権の一部が返還されたことになる」(朝日新聞、五八年一〇月二三日)という答弁を繰り返していた。

この答弁はまったくの詭弁であった。沖縄は、「米国管理下の地域」として、改定安保条約に先行する米比、米韓、米台などの相互防衛条約の適用地域(共同防衛地域)となっており、ここに安保を重ね合わせれば、実質的なNEATO(北東アジア条約機構)の成立を意味した。したがって、沖縄を条約の適用地域に含めることについては、社会党や共産党だけでなく、自民党内にも幅広い反対意見があった。しかしそれは、アメリカの戦争に巻き込まれる危険性が増大するからであった。さらに一歩を進めて、沖縄をそのような地位から解放する、沖縄返還要求を強めるという意見も運動も、ヤマトには、ほとんど存在しなかった。むしろ、活動家たちの間には、「安保は重い」とつぶやかれるような雰囲気があった。

だが、沖縄への安保適用論は、沖縄世論を心情的に揺さぶった。琉球新報や沖縄タイムスなどの地元紙、復帰運動を支える教職員会や社大党がかなり動揺したことは、七四年に沖縄タイムスに連載した「試論・沖縄戦後史」(『戦後沖縄史』日本評論社、一九七六年)で詳述したので、ここでは繰り返さないが、社大党や教職員会は、施政権返還要求を強めることによって共同防衛地域への包含の是非で世論が分断されることを避けようと、五九年一月、「安保条約改定よりもまず復帰」を大会スローガンとする祖国復帰促進県民大会を開いた。主催したのは沖縄県原水協(原水爆禁止沖縄県協議会。五八年八月結成)である(このことが、復帰運動を独自に担う組織の必要性を痛感させ、復帰協(沖縄県祖国復帰協議会)結成につながった)。

「安保は重い」という雰囲気に差し込んだ一筋の光が、キューバ革命のニュースである。五九年一月一日、カストロ率いるキューバ革命軍が、バチスタ政権を打倒したのである。このニュースは、少なくとも私にとって、歴史は人民大衆によってつくられるという確信を強めさせたことは間違いない。

この時期私は沖縄に行く準備を始めていた。

沖縄へ行く準備

儀間《ぎま》よしという人物がいた。父の父、つまり私の祖父・盛茂の妹である。父の上京を支援し、父と母の結婚の仲立ちをしたという人物である。その意味で、「儀間のおばあさん」は、私たちにとって、とても近い存在であった。ただ、私自身には、両親の話の中には頻繁に出てきても、直接会った記憶はなかった(小さいときに会ってはいるはずだが)。戦後初めて、沖縄から東京へやって来た親戚が、この「儀間のおばあさん」であった。私が高校三年の時だったと思う。彼女は、前章に触れた奥里千代の母娘と三人で首里に住んでいて、彼女の上京の目的は、奥里千代を東京に研修に送り出すための状況視察だった。その頃、東京と沖縄の距離は、それほど遠かった。

彼女も上京中は我が家に滞在していたので、私は、彼女にまとわりつくようにして、沖縄のことを根掘り葉掘り聞き出そうとしていた。父や母と彼女の話にも耳をそばだてていた。鰹節をしゃぶりながら戦場を逃げ回った話が一番印象に残った。鰹節のおかげで、生き延びることができたのだという。彼女は、どちらかというとひょうきんで明るい性格に見えた。だが、寝ているとき、よくうなされた。詳しくは聞かなかったが、戦争中の夢を見てうなされるのだそうである。ついでに言うと、『けーし風』(この雑誌について詳しくは「あとがき」参照)第七七号のインタビュー「オスプレイ阻止行動に込める体験と思い」に応じている宜野座映子が、「私は小学校から高校まで、隣に住んでいたおばあちゃんの語る沖縄戦の話を聞いて育ちました」といっている「隣に住んでいたおばあちゃん」が儀間よしである。沖縄戦体験は、こうしたかたちで、日常的に非体験世代に伝えられ、社会的に共有されていったのである。

彼女が沖縄へ帰るとき、私と彼女の間で「ぼくは、大学に入ったら、必ず沖縄に行く」、「是非いらっしゃい。待っている」という約束ができていた。大学入学以来、目先のことに追われてなかなかその機会をつかめずにいたが、ようやく一段落したのがこの時期であった。また、そろそろ卒業論文を準備しなければならない時期でもあった。私

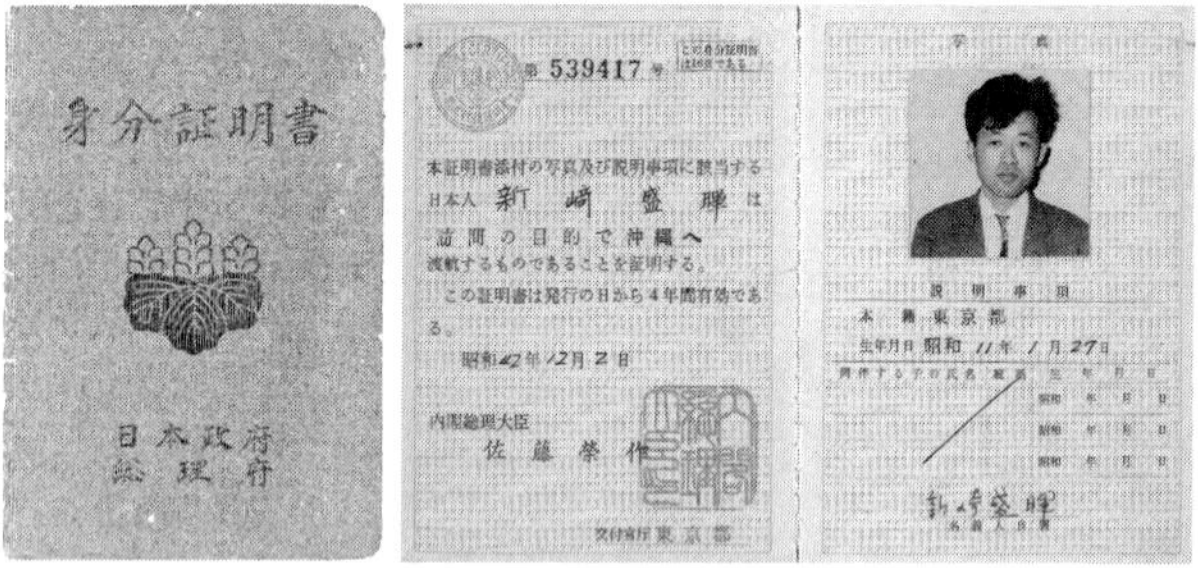

身分証明書(ただし1967年訪沖時のもの).

にとって、沖縄以外に卒論のテーマはありえなかった。卒論のことを考えるためにも沖縄へ行く必要があった。

当時沖縄に行くには、都庁の旅券申請の窓口に英文で二通の「琉球諸島への入域申請書」を提出し、その申請書が琉球列島米国民政府(USCAR《ユースカー》)から許可のスタンプが押されて戻ってくると、都庁が「本証明書添付の写真及び説明事項に該当する日本人新崎盛暉は訪問の目的で沖縄へ渡航するものであることを証明する」という身分証明書(パスポート)を出す仕組みになっていた。その申請書は、叔父・新崎盛敏の研究室で作成した。

本郷キャンパスの文学部の建物があるブロックから道を一つ隔てて、農学部があった。農学部水産学科に、叔父の研究室があった。研究室の本棚には、琉球政府など、沖縄の関係機関から寄贈された刊行物があった。私は時々そこを訪れて、書架から欲しい資料をもらい受けていた。もっとも役に立ったのは、琉球政府文教局が編纂した『琉球史料』(多分ここにあったのは、第一集から第三集まで)だった。渡航申請書は、叔父の研究室にあった英文タイプライターで、ポツン、ポツンと打ったような気がする。渡航目的は、「墓参および親戚訪問」だった。盛敏叔父の入れ知恵だったかもしれない。

この時の沖縄訪問では、現金は一切持ち出せなかった。多分、当時国際収支が赤字続きの日本では、海外渡航者の外貨持ち出し規制をしていたためではなかろうか。予防注射をしてその証明書を持参する必要もあった。

身分証明書を手に沖縄へ

身分証明書をもらって東京駅から鹿児島行きの寝台特急に乗ったのは、一九五九年三月のいつ頃だっただろうか。品川駅で『朝日ジャーナル』創刊号(三月一五日号)を買った記憶がある。東海道本線で唯一記憶に残っていた大垣駅を過ぎて、翌日鹿児島に着いた。それでも鹿児島までは、二四時間以上はかかっただろう。多分その翌日、沖縄行きの船の二等船客になった。船の中で、沖縄に帰る帰省学生と、いろんな話をしたはずだが、そのほとんどは記憶にない。ただ一つだけ印象に残っているのは、当時日本へ留学していた学生たちの、「鹿児島で船から降りると、頭の上を押さえつけていたものがパッと無くなったような解放感を感じる」という言葉である。似たような言葉は、その後何回か聞くことになる。

私が寄宿していた首里・当蔵《とうのくら》の「儀間のおばあさん」の家の近くに、父の小学校の同級生の豊平良顕《とよひらりょうけん》が住んでいた。中学入学までは父と一緒だったが、家庭の経済的事情で中学は中途退学せざるをえず、独学で沖縄の言論界のリーダーの一人になった人、というのが私が父から聞いていた予備知識であった。沖縄タイムスの創設者の一人であった豊平さんは、当時常務取締役だったが、同時に琉球大学の理事でもあった。豊平さんの家は、何回か訪ねた。戦火で壊滅した文化財の断片を拾い集め博物館を創ろうと志した時の想いなど、さまざまな話を聞いた。『沖縄問題二十年』で書いた戦後沖縄における知識層の文化的危機感に関する記述は、この時の豊平さんの話がベースになっている。『鉄の暴風』(沖縄タイムス編著、朝日新聞社発行の一九五〇年版)とか、『地方自治七周年記念誌』(沖縄市町村長会編、一九五五年)などの本や資料だけでなく、ガラス戸棚の中から取り出した金城次郎作の花瓶などももらった。私が「大学を卒業したら沖縄で仕事をしたい」というと、豊平さんは、「今の沖縄は、どうしたら沖縄を脱け出せるかを考えている若者が多いから、優秀な若者が舞い戻ってくるとなれば、きっと歓迎される」と激励してくれた。

ある時、豊平さんのところに行ったら、先客がいた。画家の末吉安久《すえよしあんきゅう》である。「盛忠君の長男だよ」と紹介された。末吉さんも父の一中の同級生だった。豊平さんは酒を飲まないので、末吉さんが一人で飲んでいた。帰りがけ、末吉さんの思い出話を聞きながら夜道を歩いていると、目の前を大きな蛍が横切った。沖縄は、もう蛍が飛ぶ季節であった。

那覇市役所は、焼け残った戦前の天妃《てんぴ》小学校を使っていた。そこに兼次佐一市長を訪ねた。一介の学生が、アポもとらずに訪ねて行っても市長が会ってくれる面白い時代であった。瀬長亀次郎のマチヤグァー(雑貨屋)にも行った。瀬長さんの店は、沖縄刑務所(当時)の赤レンガの塀のはずれ、現在、那覇第一法律事務所のビルがあるあたりにあった。面識があった(向こうは覚えてくれていたかどうか定かではないが)大湾喜三郎立法院議員に案内されて行ったのではなかろうか。立法院の人民党の控室で又吉《またよし》一郎(元豊見城《とみぐすく》村長)とも会った。

あちらこちら出歩いている私を見て、儀間のおばあさんは、「幸市さんにも会ったらいい。電話しておくから」といった。幸市さんとは、平良《たいら》幸市立法院議員のことである。儀間のおばあさんと幸市さんは、戦前、教員時代の同僚だったらしい。平良さんとは、立法院の彼の個室で、籐いすに座ってあれやこれや長い時間話をした。面白かったのは、五六年のオフ・リミッツの時の話である。五六年八月、島ぐるみ闘争がピークを迎えようとしていた時、米軍はコザ市(現沖縄市)や周辺市町村への米軍要員立ち入り禁止(オフ・リミッツ)声明を出した。地域全体が基地に依存せざるを得ない状況にあったコザ周辺地域はパニック状態になり、コザ市長は、反米的な住民大会の開催を許可しないことを誓い、先の大会で本土派遣代表に選ばれた瀬長亀次郎と兼次佐一はコザ市民の代表とは認めないという声明を出した。周辺の町村長もこれにならった。恭順の意を表明したのである。オフ・リミッツは、一週間で解除された。

幸市さんは、「われわれの我慢が足りなかった」とつぶやくように言った。幸市さんによれば、オフ・リミッツで困るのは、基地に依存せざるを得ない住民だけではない。基地に閉じ込められた米兵も耐えられなかったはずだ、というのである。なるほどと思った。支配者側の矛盾を巧みに利用するのが、平良幸市や当時の社大党の基本的スタンスだったのかもしれない。我慢比べも闘いなのだ。

幸市さんは、資料探しも手伝ってくれた。「それは図書室にあったはずだ」といって、地下の立法院図書室に連れて行ってくれた。図書室の室長は、復帰後最初の沖縄県立図書館長になる大城《おおしろ》宗清《むねきよ》だった。大城さんと知り合えたことで、資料探しなどがずいぶん楽になった。立法院の事務局には、叔父の新崎盛理《せいり》(父の弟)が勤めていたこともあって、事務局長の嘉陽《かよう》安春《やすはる》とも懇談した。嘉陽さんは、東大の先輩という立場でもあった。

沖縄教職員会も訪ねた。私にとっては、戦災校舎復興資金募集運動以来、勝手に親しみを感じていた組織である。屋良《やら》朝苗《ちょうびょう》会長は、昼食をご馳走してくれたが、実際の対応は、職員の山城葉子たちに任されていた。福地《ふくち》曠昭《ひろあき》青年部副部長に会ったのが、このときだったかどうかはっきりしない。記憶にあるのは、五月一日、メーデーの日、国際通りでジグザグデモをしながら、人懐っこそうないつもの顔で手を振っていた姿である。当時国際通りの街路樹は、柳だった。「銀座の柳」を模したのだろうか。

当時教職員会と並ぶ組織が、沖青協(沖縄県青年団協議会)だった。現在の沖縄県青年会館が建っているところに、古いもっと小さい建物があって、沖青協の事務局を取り仕切っていた城間《しろま》健《はげむ》にもあちらこちらを案内してもらった。城間健も、福地曠昭もまだ二〇代だった。琉球大学学生会を訪ね、会長や役員にも会った。

国際通りのメーデー・デモ(1959年5月1日．著者撮影)．

USCARに呼び出される

あちらこちらを出歩いているうちに、米民政府から呼び出しが来た。「入域申請書に書かれている渡航目的と行動が合致しない」というのである。渡航目的は「墓参および親戚訪問」である。墓参も親戚訪問もやってはいたから、虚偽申請ではない。主目的は墓参および親戚訪問だが、その合間に知人を訪ねたり、あちこち見物したりしているだけだ、とのらりくらりの対応をした。確かに、盛理叔父さんの子どもたちと一緒に、南部観光もしていた。戦跡観光などという言葉はまだなかったはずだが、「ひめゆりの塔」や「健児の塔」を回る観光バスは走っていた。乗客は、ほとんどウチナーンチュばかりだったような気がするが……。焼き物に趣味のある別の叔父・松本完次郎に連れられて、壺屋をあちこち歩いたこともある。

尋問をしていた米民政府の係官も、あまり成果は得られそうにないと思ったのか、比較的短時間で尋問は打ち切られた。私にとってもそれほど緊張感を必要とする時間ではなかった。その後もケロリとしてあちらこちらを歩き回っていた。

沖縄には、父方、母方の親戚や、学校時代の友人、知人が無数にいた。それらの人びとの政治的立場は、さまざまであった。最も身近なところでいっても、儀間のおばあさんは、人民党など左翼は好きではなかった。逆に(奥里)千代叔母さんは、人民党のシンパといってよかった。お互いそのことを表面には出さず、黙認し合い、助け合って日常を送っていた。市長や議員など、肩書付きの人に会うのは、そう困難ではない。しかし、闘いの底辺を支えているような人は、どこにいるのかその存在を知るのも難しい。千代おばさんの同僚の石川盛良《せいりょう》もそういう人の一人だった。石川さんは、私が沖縄に住み着くようになった時、息子が通う識名《しきな》小学校の校長になっていた。その後石川さんは、共産党の県議になった。

多くの親戚や父母の友人、知人にとって、東京生まれのくせに、沖縄に強い関心を持ち、いろいろなことを知りたがっている私は、おおむね好意的にみられていた。自分のコネを使って、沖縄を知る手掛かりを提供してやろうという人もいた。私が、コザ署のパトカーに乗って、嘉手納《かでな》基地を〝見学〟するという予想もしなかった機会を得ることができたのも、それ故であった。多分盛理叔父さんから借りたネクタイを締め、スーツを着て、パトカーの後部座席に座って基地内に入った私は、そのとてつもない広さに圧倒されただけではあったが。

一人でバスに乗って、軍用道路一号線(現在の国道五八号線)を北上し、伊佐浜のあたりを徘徊したこともある。伊佐浜闘争の現場を見ておかずにはいられなかったからである。すでに基地は出来上がり、景観はまったく変わっていたが、全く見当違いのところを歩いたわけではなかったようである。

八重山にも行った。もちろん船旅である。海が荒れ、多くの人がゲーゲー吐いている中で、平気で食事ができた。船にだけは強かったようだ。悪天候を避けて、しばらく宮古島の平良《ひらら》港に停泊していたように思う。

宮古の平良港は、岸壁に船を着けることができたが、八重山の石垣港は、当時はまだ岸壁に船を着けることはできなかった。船は沖合に停泊し、迎えに来たはしけに乗り移

1959年の石垣島(上：川平湾，下：気象台から見た家並．著者撮影)．

って上陸するのである。石垣で一番高い建物は、気象台だった。そこから福木に囲まれた藁葺や赤瓦の屋根が並ぶ風景を写したカラー写真などは、今となれば史料的価値があるかもしれない。一日何本か、島を一周するバスが走っていて、川平《かびら》湾の美しさが印象的であった。店で買物をした時、何回か、「沖縄から来たんですか」と尋ねられた。島の外から観光客などが来ることもほとんどない時代である。最初は、「八重山は沖縄ではないのか」と意外な気がしたが、私にとっては、この体験が、沖縄の多様性に気づかされるきっかけだったのかもしれない。

私が訪問した沖縄は、島ぐるみ闘争後の沖縄であった。島ぐるみ闘争以前であれば、メーデーのジグザグデモを見ることはなかっただろう。島ぐるみ闘争がもたらした軍用地料の大幅引き上げなども社会的相貌を変化させていた。私はその時期の沖縄を訪問し、五月中旬東京に帰った。私はこの時期を沖縄戦後史における「相対的安定期」と名付けてみた。

だが宮森小学校に米軍ジェット機が墜落して、死者一七人、負傷者二二〇人を出す大惨事が発生するのは、それから一カ月半後のことである。

沖縄から帰って

沖縄訪問前は、復帰運動の中で聞かれる「母なる祖国……」的な情緒的表現にかなりの抵抗感があった。だが、沖縄で実感したことは、復帰運動が、権利闘争や平和運動と実質的に結びついている人間解放運動である、ということであった(もちろんその反面、とくに青年たちの間に、無力感と脱出願望、取り残された者という感情も入り混じっていることを感じざるをえなかったが)。であってみれば、その主体は沖縄でなければならず、自分もまたそこに場を見出さなければならなかった。具体的には、琉球大学の助手になるとか、沖縄タイムスの記者になって言論活動を展開することであった。だが、前者の場合だと、大学院に行く必要があるかもしれなかった。それが自分にふさわしいかどうか、可能かどうかを考えなければならなかったが、それ以前に、卒業論文を書かなければならなかった。

卒論については、主任教授の尾高邦雄さんに、「沖縄のことをいろいろ書いただけでは社会学の論文にはならないよ」と釘を刺されていた。だが私は、社会学の論文を書くために沖縄をテーマに選ぼうとしていたわけではなかった。あえて言えば、沖縄問題の理解を広めるために社会学という学問分野を利用しようとしているに過ぎなかった。しかし、書かねばならないのは、社会学科の卒業論文であった。

私は、民族(という社会集団)、民族意識、民族文化などの本質や形成過程、その政治的社会的役割を論じる中に、事例研究としての日本復帰運動を位置づけようとした。当時すでに社会学の分野では、研究対象としての「民族」は、時代遅れのものになっていたのではあるまいか。ただ、歴史学分野では、対日講和の評価をめぐって、スターリンの民族理論などに依拠しながら、民族をめぐる議論は活発だったように思う(たとえば、石母田正『歴史と民族の発見』東京大学出版会、一九五二年)。

そんな時私は、ポーランド出身の社会学者ズナニエツキー(F. Znaniecki)の『現代民族論』(Modern nationalities: a sociological study, 1952)を見つけた。原書である。原書を参考文献にすれば、卒論の格好もつく。おまけに、その英語は、私が読める程度にやさしかった。民族は、歴史の創造的発展過程で形成され、歴史の創造的発展過程の中で形骸化し、世界文化社会の中に解消されていく、といったことが比較研究に即して書かれていた。

私は、民族は、創造的発展のうちに形成され、可能な限り成長させていくことによってのみ解消されていく独自の存在であり、民族の独立と民主主義的社会主義は、具体的な人間の解放において並行すべき必要条件である、と理解した。高田保馬《やすま》、新明《しんめい》正道といった一世代前の社会学者や、スターリンの民族理論とは異なる視点を提示していたズナニエツキーを読んで何とか卒論の全体像がイメージできるような気がした。

偶然にも、ズナニエツキーを読み終えた直後、映画「灰とダイヤモンド」を見た。またもやポーランドである。一言でいえば、それは、大国の利害の間でもみくちゃにされた弱小民族の悲劇であった。ナチスドイツの支配に対して自らの解放のために戦い続けった人びとにとって、ソビエトの侵入による〝解放〟、そして〝新たな支配〟とは何であったのか。アンジェイ・ワイダの作品を見たのは、「地下水道」が先であったか、「灰とダイヤモンド」が先であったか。ともかく、あまり映画などを見ない私が彼の作品はほとんど見ている。残念なことに、那覇の桜坂劇場まで来た「カティンの森」だけは見損なっているが。

この年の秋ごろ、豊平良顕さんが上京してきた。銀座の沖縄タイムス東京支社か、その近くの喫茶店で、父と一緒にお目にかかったと思う。そのとき豊平さんは、「あなたは、もうしばらく東京で勉強したほうがいい」といった。その意味はすぐに理解できた。豊平さんは、それなりに動いてくれたはずだが、「歓迎」よりも、「警戒」あるいは「懸念」する雰囲気のほうが強かったのだろう。「相対的安定期の沖縄」は、あくまで「相対的安定期」にすぎなかった。

さて、それでは卒業後どうしようか。結論を出しきれず、堂々巡りをしているうちに、卒論の提出も、最後の学年末試験も終わってしまった。このまま卒業したら風来坊になってしまう。そこで、新聞研究所の日高六郎さんの研究室を訪ね、事情を話して「先生の単位を落としてほしい」と頼んだ。ニコニコしながら話を聞いていた日高さんは、「それじゃ試験を受けなかったことにしよう」といって、文学部の事務室に電話をかけた。日高さんが試験を受けた学生に不可を付けた先例はなさそうだったから、そうする以外になかったのかもしれない。書類を持ってやって来た事務職員は、確か社会学科の先輩で尾崎さんといったと思うが、「先生、そういうのは私文書偽造っていうんですよ」といった。先生は、「あ、そう」と涼しい顔をして書類を直した。尾崎さんもそれ以上は何も言わなかった。こうして私は留年することになった。

当時私の周辺では、留年は珍しいことではなかった。多分、駒場時代のクラスのメンバーの二割ぐらいは留年しているのではなかろうか。就職がうまくいかなかったというのもいるだろうが、大方は、自分に納得のいく勉強ができていないというのがその理由だったように思う。

その頃、六〇年安保闘争が、徐々に激しさを見せていた。反安保闘争を組織的に担っていたのは、五九年三月末に、社会党、総評、原水協などを中心に共産党もオブザーバーに加えて結成された安保改定阻止国民会議だったが、六〇年一月には安保改定交渉は妥結し、岸首相をはじめとする渡米全権団が、新安保条約や日米地位協定に調印していた。街頭行動を先導していたのは、共産党から分離した共産主義者同盟(ブント)が主導権を握る全学連主流派であった。全学連主流派は、岸首相らの渡米を阻止しようと、羽田空港ビルに座り込み、警官隊と衝突したりしている。社共両党など国民会議主流は、安保改定は、対米従属関係を深め、アメリカの戦争に巻き込まれる危険性が増大する、と捉えていた。全学連主流派は、日本帝国主義自立化への動きという「日帝自立論」を唱えていた。私たちは、どちらかといえば、全学連主流派にシンパシーを感じていた。このころは、駒場時代のような、クラス討論にもとづいて行動するというようなことはなかった。勝手に国会周辺に行けば誰かと一緒になり、どこかのデモに参加することができた。

私自身は、いつ頃から国会周辺に出没するようになったのだろうか。デモを先導する街宣車が、「今日南朝鮮の学友たちが、李承晩政権を打倒した。われわれもまた岸内閣を打倒しよう……」と叫んでいるのを聞いているから、多分四月中旬ごろからだろう。韓国でも、いわゆる四月革命が起こっていた。同じころ私は、永平寺で参禅している。動き回るだけでは、生き方を定めきれなかったのだろう。

五月二〇日の衆議院における警官隊を導入した安保条約や地位協定の強行採決以後、国会審議はストップし、国会周辺は連日デモ隊で埋め尽くされるようになった。その前後のこと、国会正門前に座り込んでいる学生の中に、「沖縄返還」と書いたプラカードがあった。私の傍に立っていた友人が、「今は、あれはちょっと違うんじゃないか」といった。彼は、島ぐるみ闘争に呼応する日比谷野外音楽堂の集会にも参加していた駒場時代からの友人ではなかったかと思う。私は、沖縄の分離軍事支配こそ、安保体制の最も弱い環であり、今、沖縄返還が実現すれば、安保は崩壊すると力説したが、彼が納得したかどうかは疑問である。この時の私の苛立ちは、この闘争に参加していた沖縄出身者に共通のものではあるまいか。

一方、安保改定阻止が、民主主義擁護にずれ始めたことに危機感を抱く部分もあった。六月一五日の国会突入は、そうした危機感の表れだったかもしれない。樺美智子《かんば》が死に、私たちは南門から叩き出され、私は放水を浴びてずぶ濡れになり、靴も脱げてなくなり裸足で有楽町駅まで歩いた。一緒に南門から叩き出された哲学科留年組の友人・小池英光(のちに南山大学教授)は、群馬県高崎へ帰る終電がなくなり、旗の台の私の家に泊まることになった。

六月一九日午前〇時、安保条約と地位協定は、自然承認された。条約は、参議院でまったく審議されなくとも、衆議院の議決から三〇日たてば承認されたことになっている。私たちは、国会南門前の路上でこの日の朝を迎えた。何事も起こらなかった。帰りがけ駅で買った新聞の朝刊に、着剣した米兵と対峙しつつ立法院前でアイゼンハワーを迎えた復帰請願デモの写真が載っていた。

六〇年安保闘争の後

六〇年安保闘争が終わり、学生も教員もキャンパスへ戻った。ある日、キャンパスで、駒場時代のクラスの友人で英文学科の留年組だった黒野豊に出会った。黒野は、いきなり「都庁を受けようぜ」と私を誘った。私は、教員免許を取って教員にでもなろうか、と考えてはいたが、都庁へ就職するというのはまったくの想定外だった。躊躇している私に黒野は、「俺と相撲を取って勝ったら受けなくていい」と変な条件を出した。相撲が得意な黒野の癖である。そこで私は、大学キャンパスから二、三分のところに住んでいた三橋修を訪ねた。黒野に相撲で勝つ方法はないか聞くためである。三橋も駒場の同じクラスだったが、大学入学のときは、すでに柔道二段で、虚弱児の私とは対照的な学生であった。三橋には、体育の授業などで助けられたこともあるが、その後も長い付き合いが続く。

三橋は、「それは無理だ。反則技でもしない限り黒野には勝てっこない」と即座に断言した。仕方なく私は、都庁を受けることにした。するとしばらくして合格通知が来た。三百何人かの合格者に順位が付いていて、最下位合格で、同順位者が何人かいた。黒野は落ちた。「俺を誘わなければ受かったかもしれないのに」とからかったが、彼にとっては落ちたほうがよかったのかもしれない。その後彼は岡山大学や東京女子大学で教鞭をとることになる。

中野好夫さんと出会う

その頃、日高六郎さんの紹介で、中野好夫《よしお》さんに会うことになった。中野さんは、六〇年一月、沖縄資料センターを立ち上げていた。当時の東京新聞(六〇年二月一〇日)の

「沖縄資料センター発足」というベタ記事によると、「中野好夫(評論家)海野普吉《しんきち》(自由人権協会理事長)加藤一郎(東大教授)らを世話人とする沖縄資料センター(千代田区麴町一ノ四日本自由人権協会内)は九日発足した」とある。

中野さんが書いているところによれば、沖縄資料センター設立を思いつく最初のきっかけは、五八年一月の那覇市長選挙に関して「民の声の審判」(『世界』五八年三月号)を書いた時のこと。沖縄タイムスや琉球新報以外の資料は手に入らず、こんなことでいいのだろうか、と感じたという。

次が五九年五月、高等弁務官が、突如、これまでの米民政府布令第一四四号を廃止して、高等弁務官布令第二三号(いわゆる新集成刑法)を公布した時である。「安全に反する罪」に死刑が導入されるなどのこともあって、猛反発が起こり、ヤマトにも波及した。「島ぐるみ闘争」の余韻も残っていたのである。東京沖縄県人会の呼びかけで、中野さんはじめ何人かの文化人が集まったが、主催者側も肝心な資料を持っておらず、具体的にどこがどう変えられるのかはあいまいなまま。これでは、次々と起こってくる沖縄の問題に対応することはできない。問題が起これば、ただちに右から左へ資料提供ができるようなセンター的なものが、東京のどこかになければならない。こう考えた中野さんは、雑誌『世界』の吉野源三郎編集長や海野普吉弁護士と相談して、人権協会の部屋の一角に机や本棚を置き、アルバイト職員を一人雇って沖縄資料センターを立ち上げたのである。しかし、資料の収集や整理に手を付けることはほとんどできないでいた。中野さんが沖縄へ渡航することなど、まったく不可能な時代であった。そんな時、日高さんから、私のことを聞いて、会ってみようということになったのである。

その時のことについて中野さんは、次のように書いている。

「新崎君との縁にはなつかしい思い出がある。新崎君はこの年、東大文学部社会学科を出たのだが、卒業論文にも復帰運動論を書き、今後もそれを研究テーマにしたいというので、指導教授日高六郎君の紹介状をもって現われたのである。聞けば、専従としてやりたいという。だが、驚いたのはわたしの方であった。熱意はもちろんうれしいが、さてセンターの懐具合を考えると、とても東大卒の彼に十分酬いられる給料など出せる見込みは絶対にない。うれしいやら困ったやらで、事情を聞くと、幸い東京都庁職員の試験にも合格しているというのだ。それなら、とにかく東京都に入りたまえ。いずれ都庁などというのは、出世を望むならともかく、そうでもなければ、本職の方は適当にやっていけばいいので、十分沖縄の勉強はできるはず。いっそ生活の基礎をそっちの方で建てた方が賢明だろうというような話になった(断わっておくが、当時はまだ東《あずま》(龍太郎)知事保守都政だったし、立派に本職に近い小説を書きながら都庁勤めをやっている人も知っていたからである。もっとも、現在の美濃部(亮吉)都政だと、わたしとしてもこう厚かましいことはいえなかったかもしれぬ。なにが幸いになるか知れたものでない)。そこで話はトントン拍子に決まり、現在もなお新崎君は、おそらくあまり出世の見込みはない東京都職員のはずである。」(「沖縄資料センターのこと」『図書』七一年九月号。のちに『中野好夫集』Ⅳ、筑摩書房、一九八四年所収)

中野さんに初めて会ったのは、多分、都庁の合格通知から、しばらくたったころだから、まだ学生の時である。日高さんに呼ばれて「中野先生が会いたいといっているよ」といわれて、場所と日時を指定された。紹介状を書いてもらった記憶はない。場所が、西荻窪の中野さんの自宅だったか、神田神保町の岩波書店だったかも、覚えていない。その時まで中野さんに面識はなかったが、勝手に親近感を抱いていた。中野さんは、沖縄県学生会編『祖国なき沖縄』(一九五四年)に序文を書いており、駒場のクラス担任の日高八郎さんは中野さんの教え子であった。また、沖縄に行った時、「民の声の審判」が沖縄でもよく読まれていることを知った。「民の声の審判」は地元紙にも転載されていた。「沖縄には来られないのに、これだけ沖縄の状況が認識できるとは」と驚嘆していたのは、確か、石川盛良だった。

中野さんの文中にある卒業論文について少し補足しておこう。前年書いた卒論のタイトルは、「民族問題の研究――特に民族文化と民族意識の関連を中心にして」であった。留年して書き直した卒論は、「日本復帰運動の研究――沖縄問題理解のための覚書」であった。全体の構成はあまり変わらなかったが、民族研究のケーススタディーとして位置づけていた復帰運動を前面に押し出したのである。

もう一つ〝専従〟について。専従の先例としては、一年先に社会学科を卒業した同期の大澤真一郎(のちに京都精華大学教授)が、すでに国民文化会議の専従として活動を始めていた。だが、総評や日教組などの大組織に支えられていた国民文化会議と、沖縄資料センターではだいぶ事情は違っていた。中野さんは、生活(飯を食うこと)を軽視してはならない、ということをご自分の例を引き合いに出しながら話してくれた。多分そこには、私の家族(両親)への配慮も含まれていた、と思う。中野さんといえば、俗説では、「大学教授では飯は食えん」といって東大教授をさっさとやめてしまった人物として伝えられていたが、見るからに精悍な風貌とは全く異なる側面を持っていた。

中野さんは、「ぼくは、大学に残って学者・研究者になろうなどと思ったことはない。大学を卒業する時にいくつかの新聞社を受けたが皆落っこちたので、千葉の成田中学の教師になった。それでも若いときは、やる気さえあればやりたいことはできる」と都庁に勤めることを勧めた。「話はトントン拍子に決まる」ったわけでもなかったが、結局私は、都庁に勤務しながら沖縄資料センターの運営にも携わるという、二足の草鞋《わらじ》で社会人生活をスタートすることになった。

四　沖縄資料センターと都庁勤務――二足の草鞋

福祉事務所のケースワーカーになる

都庁に採用される前に、どの部署で仕事をしたいかという事前調査があった。私は、労働局、民生局、教育委員会の順に希望を出した。仕事をするなら、労働、福祉、教育関係だろうか、と思ったのである。労働局は採用枠が小さく、民生局採用となり、文京福祉事務所に配属となった。福祉事務所は地下鉄丸ノ内線の後楽園駅の傍の文京区役所に付設されていたが、当時は、都の所管だった。初任給は一万二八〇〇円だったと思う。主事補に任ず、という辞令をもらった。

文京区内をいくつかの地域に分け、担当地域に居住する生活保護申請者や受給者の保護申請や相談に応じるケースワーカーになった。担当地域は、東大の正門や赤門と本郷通りを挟んで向かい合う地域であった。大学時代から馴染んだ地域であったが、戦災に遭わずに焼け残った古い木造アパートなども多く、そこには、学生時代には気付かなか

福祉事務所の職場にて．

ったさまざまな生活があった。共産党の区議会議員などを中心に「生活を守る会」も組織されていた。某区議の事務所を兼ねるセツルメントに単身乗り込んで、大勢の人たちに囲まれながら、「個々のケースワーカーや福祉事務所の対応に対する批判と、制度に対する批判をきめ細かく分けないで、集団で大声を出しても効果はないぜ」などと議論を吹っ掛けたりしたこともある。福祉事務所の所長や課長は、常に受け身で、窓口でそつなく対応することを良しとしていたから、そんな新人職員の突飛な行動に目を白黒させていた。

　福祉事務所には、まる三年いた。二年目（六二年）の後半からは、都職労文京福祉分会の分会長をしていた。分会独自の課題は、もっぱら、こまごました労働環境の改善だったと思う。春闘などでは、中央からの指令に従って、職場集会を開いたり、デモやビラまきに動員されたり、さまざまなレベルの会議があったり、結構忙しかった。所長と三人の課長を除けば、係長から用務員まで全員が組合員で、まとまりはよかった。福祉事務所の分会は、

都職労文京福祉分会時代のメーデー．右から３人目が著者．

民生局支部に属していたから、同じ庁舎の文京区職労とはほとんど付き合いはなかった。むしろ、区役所の庁舎に同居していた税務事務所の組合と一緒に集会を開いたりすることがあった。都職労は、全体として、社会党系が主流の組合だったが、文京税務事務所の組合は、共産党系が主導権を握っていた。わが文京福祉は、分会長の私も、私を分会長にした分会書記長の鈴木政夫も、いわば統一戦線派であった。その私たちが共産党系の組合と距離を置くようになるのは、六四年の春闘で、共産党が、四・一七公労協ストは弾圧を招く挑発的陰謀である、と反対声明を出したときからである。この声明の正当性を説く税務事務所の分会役員などの言動は、五六年のハンガリー動乱をアメリカ帝国主義の陰謀だとする学生自治会役員の言動によく似ていた。この声明は、全国各地の労組を混乱させたが、共産党は、七月になって、この声明は間違っていたと自己批判した。

沖縄資料センターの活動開始

ケースワーカーがデスクワークだけではなく外勤の多い仕事だったことは、私にとってまことに好都合だった。東大図書館は歩いて行ける距離にあった。沖縄資料センターは千代田区の半蔵門交差点の角にあって、ちょっとした空き時間にタクシーを飛ばして行って用を足して帰ってくることも可能であった。

資料センターでは、組織運営の方針や事業計画の立案は、ほとんどすべて私に任されていた。多分毎月一回ぐらいでそれを中野さんに報告し、中野さんの了承を得て実施された。六一年八月付の「沖縄資料ニュースNo.1」という資料が残っているが、「沖縄問題に関する資料の展示と懇談の会参考資料」というタイトルが付いており、「沖縄問題の正しい理解のために」というアピール文、六一年七月三一日現在の資料目録、「会則」などが載っている。どこで「資料の展示」を行い、誰に呼びかけてどこで「懇談」の場を持ったのかは記憶にないが、こうして資料センターもそろそろと動き始めた。事前の打ち合わせで覚えているのは、月額一口一〇〇円(何口でも可)の会費を集めて組織運営の財政的基盤を作ろうという私の提案に対して、中野さんは「貧者の一灯を集めて組織を運営するのは難しいぞ」と笑っていたことである。「まあやってみろ」ということにはなったのだが、実際の組織運営は、中野さんの個人的関係を通したいくつかの出版社、放送局、新聞社からの賛助金や、中野さん自身の補塡が組織の財政を支えたといっていいだろう。

ちょうどその時期、中野さんが一年間(六一年九月から六二年八月)、スタンフォード大学に招かれてアメリカに行くことになった。中野さんの留守中は、吉野源三郎さんが相談相手になってくれることになり、何回か岩波書店に経過報告や相談に出かけている。当時の岩波書店は、元東京商科大学の校舎の一部だった蔦《つた》の絡んだ重厚な感じの建物だった。『世界』も、資料センターへの賛助金拠出元の一つだった。私と同じ年に大学の同じ学部を卒業して岩波に入り、『世界』編集部に配属されていたのが、伊藤修である。学生時代には学科が違うこともあってお互いまったく知らなかったのだが、彼も、『世界』と資料センターの連絡員のような役回りになっていたので、頻繁に意見交換をするようになっていった。

資料センターが軌道に乗り始めたので、六二年一月、再び沖縄に行った。この時、生まれて初めて飛行機に乗った。多分、ノースウェスト航空ではなかったろうか。円の持ち出しもできたと思う。学生時代と違って、カネよりも時間が大切になっていた。福祉事務所の同僚有志からカンパももらった。有給休暇を使っての訪沖だったから、多分、週間から一〇日間ぐらいだったろう。

沖縄では、復帰協だけではなく、六一年四月には沖縄人権協会が、六月には全沖労連(全沖縄労働組合連合会)や全軍労連(全沖縄軍労働組合連合会。全沖縄軍労働組合(全軍労)の前身)も結成されていた。一方、キャラウェー高等弁務官が就任したのは六一年二月、米空軍が四カ所のメースB(中距離弾道ミサイル)基地建設を発表したのは六一年三月、一二月には、西銘《にしめ》順治・那覇市長が当選している。しかし、私が帰京した直後の六二年二月には、琉球立法院が全会一致で、いわゆる二・一決議を可決していた。

立法院は、六〇年一二月の第一五回国連総会で採択された「植民地諸国人民に対する独立許容宣言」(いわゆる植民地解放宣言)から「あらゆる形の植民地主義をすみやかにかつ無条件に終止させることの必要を厳かに宣言する」という部分を引用し、「日本領土内で、住民の意思に反して不当な支配がなされていることにたいし、国連加盟諸国が注意を喚起することを要望する」と述べた国連加盟諸国宛の決議を行ったのである。そんな時期の沖縄であった。

赤嶺《あかみね》武次(沖縄官公労)、亀甲《かめこう》康吉(沖縄全逓)、前原穂積《ほづみ》(那覇市職労)といった労働運動のリーダーたちと知り合ったのもこのときだったと思う。刊行物を出していそうな政府機関も軒並み回った。久手堅《くでけん》憲次通産局長は、まだ三〇歳代ではなかったろうか。大城《おおしろ》立裕《たつひろ》産業振興課長に会ったのもこのときである。卒論の資料収集で前回訪問した時に知

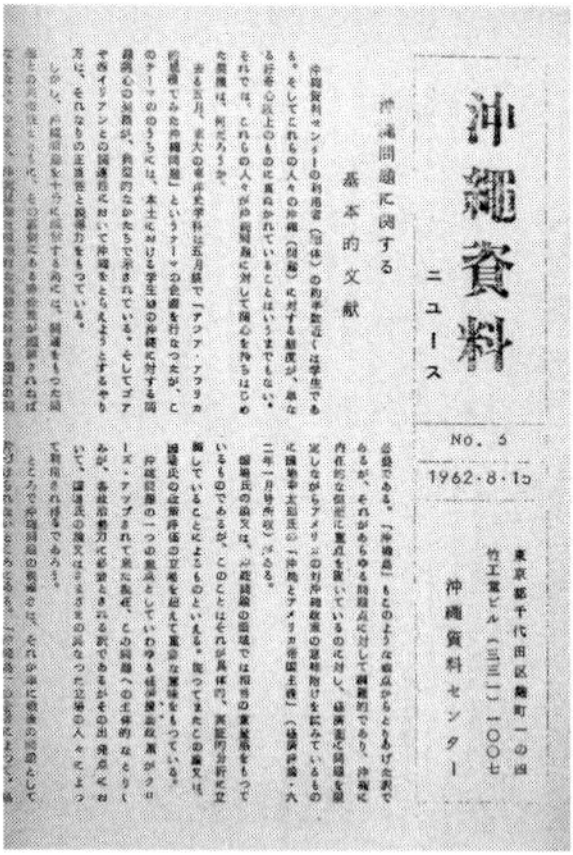
沖縄資料
ニュース
No. 5
1962・8・15
東京都千代田区麹町一の四
竹工業ビル（三三一）一〇〇七
沖縄資料センター
沖縄問題に関する
基本的文献

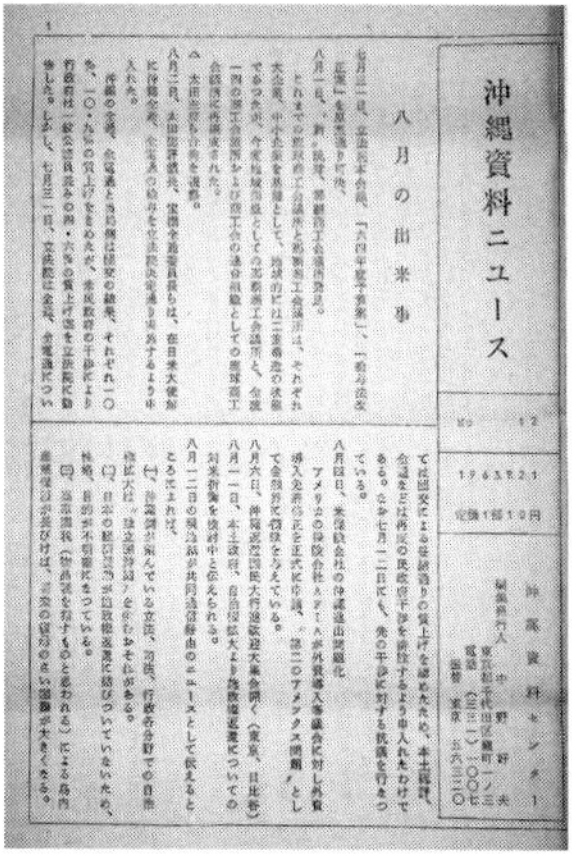
沖縄資料ニュース
八月の出来事

初期の頃の「沖縄資料ニュース」.

り合った個人・組織・機関も再訪して、沖縄資料センターの資料収集への協力を依頼した。

半年後、六二年七月一五日付の「沖縄資料ニュースNo.2」の末尾には、「現地連絡先」として、那覇市松尾一八四 沖縄教職員会内 嶺井《みねい》政和とあるから、福地さんや嶺井さんに相談して、嶺井さんに連絡担当になってもらったのだろう。

「沖縄資料ニュース」は、六三年一月のNo.4から、八ページ建ての月間の定期刊行物となった。内容は、一カ月間の出来事、資料解説、入手資料の目録などであった。資料目録を除く七ページのほとんどを私が書き、編集発行人の中野さんがその原稿に全て目を通した。「ぼくたちは、普通のサラリーマンや高校生にも読んでもらえる文章を書かなければならん」というのが中野さんの文章に対する基本的スタンスであった。「学生運動の続きをやっているような文章は誰も読まん」といわれたこともある。「雑誌の巻頭論文を書いているバカな東大教授の真似をしては駄目だ」とか、「裁判の判決文は、悪文の典型」という言葉も聞いた。「福沢諭吉は、自分の書いた文章を女中さんに読み聞かせて、彼女が理解できるまで書き直した」というエピソードも聞かされた。「沖縄資料ニュース」は、資料センターが解散する七一年頃の No. 102 まで毎月発行を続けた。

「沖縄資料ニュース No. 4」の最終ページの一二月の入手資料目録を見ると、直接寄贈分の冒頭に沖縄タイムスと琉球新報が並んでいる。沖縄タイムスや琉球新報は、二、三日分まとめて、船便で送られてきた。米民政府関連の『今日の琉球』や『守礼の光』もあれば、沖縄人民党の機関紙『人民』、教職員会の「教育新聞」、「沖縄官公労速報」、那覇商工会議所の「商工新聞」、琉球銀行の「金融経済」、琉球開発金融公社の「年次報告」、観光協会の「観光沖縄」、社会福祉協議会の「福祉新聞」、さらには、琉球警察学校の「ニューポリス」、「検察統計年報」から「裁判所報」に至るまで、さまざまな分野の組織・機関から資料の提供を受けていることがわかる。資料のほとんどは寄贈によるものであった。一般図書も、出版社か、著者の寄贈によるものが多かった。「沖縄資料ニュース No. 4」の資料目録で見ると、なぜか、琉球政府の公報(週二回発行)と英字紙

「モーニング・スター」と『沖縄事情』(後述)だけが、購入資料になっている。

沖縄資料センターの事業目的は、できるだけ多くの沖縄関係資料を収集し、それを必要とする人びとに利用してもらうことにあった。もとより貧弱な財政基盤しか持たなかったから、限界はあったが、あの時代としては一定の役割は果たしただろう。後に著名な研究者になった人たちにも資料センターの利用者はいる。たとえば、門奈直樹『沖縄言論統制史』(現代ジャーナリズム出版会、一九七〇年)や渡辺昭夫『戦後日本の政治と外交』(福村出版、一九七〇年)は、「あとがき」や「はしがき」で、沖縄資料センターを利用したことに触れている。だが、資料センターの目的は、研究活動支援よりも、啓蒙活動に比重が置かれていた。何回か開いた一般公開の勉強会もその一つである。誰に、何を話してもらったか、などはほとんど記憶にないが、阿嘉島《あかじま》の海上挺進第二戦隊の生き残りであった儀同保《ぎどうたもつ》弁護士や、当時東京教育大学の大学院に学んでいた我部政男《がべまさお》君や比屋根照夫《ひやねてるお》君と知り合ったのも、横堀洋一さんと再会したのも、この勉強会だったように思う。

付け加えておくと、資料センター発足直後、中野さんの依頼で、共同通信外信部の土肥良造氏が、勉強会で報告をしていると、共同通信の初代那覇支局長・横田球生《たまお》が書いている(横田球生『一九六〇年のパスポート』私家版、二〇〇〇年)。土肥良造は、五九年一一月に、沖縄で行われた米軍の地対空ミサイル、ナイキ・ハーキュリーズ発射実験を見てきたという。日本都市センター会館の会議室で行われたこの勉強会には、東京沖縄県人会会長・神山政良や、海野普吉、吉野源三郎、上原専禄一橋大学教授、加藤一郎などが集まっていたという。私が参加する前のことだが、上原専禄や加藤一郎は、沖縄資料センターの世話人に名を連ねている人たちだから、これが第一回目の勉強会かもしれない。

沖縄問題研究会の周辺

沖縄資料センターの勉強会とは別に、一九六一年夏ごろから、小さな研究会の沖縄問題研究会が始められていた。常連の参加者は、霜多《しもた》正次《せいじ》、国場《こくば》幸太郎《こうたろう》（土木建築会社「国場組」の創業者とは別人）、新里《しんざと》恵二、由井晶子、古波《こは》倉正偉《くらまさたか》、岡本恵徳《けいとく》、新崎盛暉といった顔ぶれである。霜多正次が四〇歳代、国場・新里・古波倉が三〇歳代、由井・岡本と私が二〇歳代のころである。この中で私と一番付き合いが長いのは、由井晶子である。島ぐるみ闘争のころ、つまり私が駒場の学生だった頃、すでに由井さんは沖縄タイムス東京支社に在籍していたと思うが、最初にもらった名刺は、「富原晶子」だった。次が新里恵二。新里恵二・喜久里峰夫・石川明「現代沖縄の歴史」（『歴史評論』五七年一月号）は、卒論の中でも引用しているから、卒論を書いているころ、高円寺の新里さんのアパートを訪ねていたかもしれない。『歴史評論』の執筆者は、新里さん以外はペンネームで、その一人は由井晶子と見当を付けていたが、本人に確認したのは、数十年あとのことである。由井晶子のペンネームが石川明だった。古波倉正偉弁護士は、沖縄出身者の学生寮・南灯寮時代の活動家として名前は知っていたが、私の母の天妃小学校教員時代の教え子だそうである。

研究会が始まるきっかけは、国場幸太郎さんの上京で、言い出したのは、新里さんだと思う。国場さんの上京は、六〇年春だが、研究会が始まるのは、少なくとも六〇年安保闘争が終わってしばらく後である。「沖縄とアメリカ帝国主義――経済政策を中心に」(『経済評論』六二年一月)や「沖縄の日本復帰運動と革新政党――民族意識形成の問題に寄せて」(『思想』六二年二月)は研究会で話題になったはずだから、研究会が始まるのは、六一年の夏ごろだっただろう。研究会は、どこかの会議室を借りて行われ、そのまま、「養老乃瀧」という居酒屋のチェーン店に流れて議論が続けられた。研究会の雑務は、もっぱら岡本恵徳が引き受けていたように思う。

当時、東京沖縄県人会の事務局を仕切っていた古堅宗憲《ふるげんそうけん》と知り合ったのもこのころである。古堅さんは、県人会の連絡係のような形で、中野さんのところにもよく出入りしていた。古堅さんに連れられて行った新橋駅前の沖縄料理店で、詩人の山之口貘《やまのくちばく》に紹介された。貘さんは、「やあ、ぼくは盛忠君と同級生だよ」といって手を握った。私は、この世代の人たち、豊平良顕、末吉安久、阿波根《あはごん》朝次(第一回目の訪沖時の文教局次長)、山之口貘、そして私自身の父には、何か共通の雰囲気があるように感じた。

古堅さんはこの研究会を、構造改革派の研究会だ、などと批判していた。国場さんが沖縄での活動から身を引いて上京せざるをえなくなった事情と絡んでいたようである。このころ、共産党サイドで沖縄問題を論ずる論客は牧瀬《まきせ》恒二で、旬刊で『沖縄事情』というパンフレットを出していた。国場さんは、後に「回想――私の沖縄経験から」(東大経友会誌『経友』第一三〇号、一九九四年)で、先の二つの論文は、牧瀬恒二の「沖縄における民族意識の形成と発展――戦後の沖縄史にそって」(『思想』六一年一〇月)などに対する批判的意図をもって書かれた、と述べている。しかし、そうした意図がむき出しになっていたわけではなかったから、研究会の議論で問題になることもなかった。

研究会での発言者の双璧は、国場さんと新里さんだった。情勢分析や人民党の方針に対する見方も同じではなかった。しかし、双方ができるだけ議論を嚙み合わせようと配慮していた。私たちが、その双方の違いの中から学び取ることは多かった。その研究会も、六三年後半には自然消滅することになった。きっかけは、森秀人《ひでと》の比嘉《ひが》春潮《しゅんちょう》・霜多正次・新里恵二『沖縄』(岩波新書、一九六三年)に対する書評(日本読書新聞、六三年二月一一日)であった。『沖縄』は、沖縄の文化や歴史の基本的知識を理解してもらうための啓蒙書だったが、沖縄が日本であることを強調するその筆致が、森には気に入らなかった。森は、この書評の前後に『甘蔗伐採期の思想――組織なき前衛たち』(現代思潮社、六三年。復刻は現代企画室、九〇年)を書いていた。そこには、沖縄の独自性に着目する新しい視点もあったが、独断的見解もあった。森の書評に対して新里さんが反論を書き、さらに森がそれに反論する中で、批判の対象である新里恵二たちの対照的位置に国場幸太郎を置いて評価した。

森秀人の国場評価は、ひいきの引き倒しみたいなところがあったので、国場さん自身の登場を促したのは、むしろ新里さんだっただろう。だが、国場さんの見解は、必ずしも新里さんを満足させるものではなかった。新里さんが再登場し、論争は、森秀人を置いてけぼりにして、国場・新里論争に発展し、激しさを増していった。途中、霜多さんや古波倉さんがトーンダウンを試みたこともあったようだが、効果はなかった。論争は一〇回以上続き、一一月四日号で打ち止めとなった。もはや研究会を続ける雰囲気ではなかった。研究会は自然消滅し、やがて国場さんは宮崎県都城《みやこのじょう》に去った。

国場さんは、いくつかの教科の教員免許を持っていた。最初は、高校の数学の教師になったのではあるまいか。「日本の教育制度の欠陥のおかげでぼくたちは飯が食える」と笑っていた。もう一つ、当時の国場さんの印象的だった言葉を書き留めておこう。

研究会の帰りの電車の中で並んで吊り革にぶら下がっていた時だったか、「養老乃瀧」で向かい合って座っていた時だったか、スプートニクの打ち上げが話題になったことがある。米ソが、人工衛星の打ち上げ競争、実際は大陸間弾道弾の開発競争にしのぎを削っていた五七年一〇月四日、ソ連がアメリカを出し抜いて、人工衛星スプートニク一号の打ち上げに成功したのである(米国は、翌五八年一月三一日、人工衛星エクスプローラ一号を打ち上げた)。「その時、ぼくたちは、社会主義の科学的優位性を確信したんだ」と国場さんは言った。それからちょうど五〇日後、瀬長那覇市長は、布令によって首を飛ばされることになる。その時国場さんは、那覇市の首里支所長だったはずである。圧政下の民衆が、社会主義の歴史的優位性への確信に支えられて闘えた時代が、確かにあったのである。

転機に立つ祖国復帰運動

私が署名入りで商業誌に初めて書いた論文は、「転機に立つ祖国復帰運動――沖縄問題の現段階」(『世界』六三年七月号)である。それ以前にも、二本ほど『世界』の「日本の潮」に無署名の解説記事を書いている。当時『世界』には、「世界の潮」と「日本の潮」という二つの無署名の解説記事を載せる欄があった。執筆者の多くは、新聞記者だったようだ。現在は「世界の潮」に統一されて、署名入りの記事になっている。

最初は、「沖縄総選挙終わる」*(六三年一月号)。二・一決議で相対的安定期が流動化し始めた年、六二年一一月の立法院議員選挙の分析である。次が「砂糖自由化と沖縄産業」(六三年三月号)。古本屋で、『日本糖業史』などという分厚い本まで買い込んで勉強しながら書いた。(のちに『未完の沖縄闘争　沖縄同時代史別巻一九六二〜一九七二』凱風社、二〇〇五年に収録。以下、同書所収の文章の題に＊を付す。）

「転機に立つ祖国復帰運動」は、卒論の問題意識の延長線上にあった。これ以来、私は、二つの意図をもって文章を書き続けてきたように思う。一つは、沖縄問題が日本全体の問題であることをヤマトの読者に理解させ、その解決に主体的に取り組むよう求めること、もう一つは、沖縄の大衆運動のリーダーに、常に運動の自己点検や内在的矛盾の直視を呼びかけることであった。ヤマトの読者は漠としてよく見えないところがあったが、沖縄のさまざまに立場の違う大衆運動のリーダーたちは、対話の相手として具体的に思い浮かべることができた。この論文の最後を私は次のように結んだ。

「日本社会の革新運動である沖縄返還運動と、沖縄解放の手段である祖国復帰運動が一つになるとき、はじめて本土人民と沖縄人民が、対等な資格で民族的に統一される可能性が生まれるのである」と。「復帰」は目的ではなく手段にすぎないこと、「沖縄問題」の解決は日本社会の変革に直結していることを強調したつもりであった。今読み直してみると、この論文は、現在でもそれなりに通用するところがあるような錯覚におちいる。逆に言えばそれは、この五〇年が何であったのか、という空しさにもつながる。

当時、こうした文章を書いているとき、私の内部に、ある種の後ろめたさが兆すことがあった。「ヤマトという安全地帯に身を置いて大言壮語しているのではないか」という後ろめたさである。こうした私の呟きに対して国場さんは次のようなことを言った。

「現場で闘っていると、目先で次々と起こることに対応しなければならないので、全体状況をつかみきれないことがある。一定の距離があるほうが全体状況は俯瞰できるのだから、君は君の位置を活用して君の役割を果たすべきだ」。国場さんのこの言葉は、長く私を励まし、私の言論活動を支えることになった。

『世界』八月号には、杉山茂雄、宮里松正、梅田宇一、そして私の四人で「十八年目の沖縄――その政治的・経済的状況」を書いている。この四人に、琉球新報東京支社の島袋浩、共同通信の二代目那覇支局長・松本克美を加えた討議結果を、四人で分担執筆してまとめたものである。一人ではカバーしきれない、法的地位や米軍事戦略、基地経済の分析までを共同作業で描き出そうという試みである。宮里松正は、後の副主席だが、当時は東京で弁護士活動をしていた。梅田宇一はペンネームで、国会図書館の職員だったかもしれない。もちろんこんな仕事ができたのは、編集部の伊藤修のコーディネートのおかげである。

このころ私は、『沖縄戦後史関係資料解題』とでもいうべきものをまとめる必要性を感じていた。そこで、六三年一月一日、つまり元旦から新里さんのところを訪ねて、その構想を話した。新里さんはこの計画にすぐに乗ってきて、「こういう大きな仕事には出版元とか資金面とかで協力者が必要だが、南方同胞援護会(略称・南援)の吉田嗣延《しえん》なら協力してくれるかもしれない」といった。善は急げとばかり翌二日の朝、新里さんと二人で、玉川線(現・東急世田谷線)松陰神社前の吉田嗣延宅を訪ねた。「考えてみよう」という答えを得て、その足で三鷹の霜多正次宅を訪ねている。三日には、横堀洋一宅と、古波倉正偉宅を訪問したという記録はあるが、具体的なことはまったく記憶にない。よほど疲れていたのだろう。それでも五日には、沖縄タイムス東京支社に由井晶子を訪ね、中野好夫さんに経過報告の電話をかけている。だがこの構想は、このときには実現しなかった。この計画が陽の目を見るのは、四、五年後のことであった。

ところで、二・一決議で沖縄が相対的安定期を抜け出し、政治情勢が流動化し始めた六二年は、日本の原水爆禁止運動が分裂した年でもある。きっかけは、六一年九月のソ連の核実験再開で、「いかなる国の核実験にも反対すべき」とする社会党系の代表が六二年八月の第八回原水禁大会から退場、後に原水協とは別に原水禁(原水爆禁止日本国民会議)を組織する。いわゆるキューバ危機は、この年の一〇月である。

日本の原水禁運動の分裂は、沖縄にも波及し、沖縄では、原水協を名乗る組織が二つ並立することになる。結成されて間もない全沖労連の内部対立も表面化し、六四年九月には、全沖労連脱退派によって沖縄県労協(沖縄県労働組合協議会)が結成される。そんな六四年の四・二八を間に挟む時期、私は、沖縄を訪れた。三度目の沖縄訪問である。このときは、『世界』に四・二八のルポと、伊江島のルポを書くことが約束されており、いくらか取材費ももらって行ったように思う。このため、数日は、沖縄タイムスの裏の旅館、球陽館に泊まった。今は洋風のホテルになっているが、当時は木造の旅館といった感じだった。

沖縄に行くと、まず訪れるのが、立法院図書室。その上が玄関で、またその上が、記者クラブだった。そこにたむろしていたのが、共同通信那覇支局の高橋実《みのる》、沖縄タイムスの屋宜《やぎ》光徳、琉球新報の宮里昭也といった面々であった。高橋さんは、東大経済学部出身の先輩で、六四年四月の沖縄訪問の時、川満《かわみつ》信一や新川《あらかわ》明を誘って、球陽館を訪ねてきてくれた。新川・川満とは、その時が初対面だったと思う。あるいは川満信一とは、全沖労連の事務所で会っていたかもしれない。彼は、分裂した全沖労連の残留派中央執行委員の一人だった。前回の訪沖時と一番変わっていたのは、労働組合など運動関係のリーダーたち相互に漂っていたギスギスした感じである。

五　激動の時代へ

一二回目の「屈辱の日」

一九六四年四月、私は三度目の沖縄訪問をした。前回、すなわち六二年一月の二度目の訪沖の時は、いわば相対的安定期の末期だったが、復帰協や全沖労連などが次々と結成されて、みんなが勢揃いしたような時期であった。私が帰京するときは、赤嶺武次、前原穂積、糸洲《いとす》一雄など、様々な立場の労組や組織、団体の活動家たちが琉球政府の近くで送別会をしてくれた。その直後、立法院が国連の植民地解放宣言を引用したいわゆる二・一決議を行い、状況は流動化し始め、やがては沖縄自民党の分裂(六四年六月)に至る。主席公選要求をめぐって、一時は、島ぐるみ的状況も生まれたが、他方では、せっかく勢揃いをしたいわゆる革新勢力も、分裂抗争を激化させていた。その淵源は、ヤマトにおける原水禁運動の分裂にあった。ということは、ヤマトと沖縄の組織的系列化が、少なくとも意識下では進んでいたということになるだろう。六四年四月の私の三度目の沖縄訪問は、そうした時期にあたっていた。

今回も、名目上は、沖縄の歴史的な史資料の収集が渡航申請上の目的であり、実際に資料集めもしているのだが、四・二八前後の政治的、社会的雰囲気を知り、そのルポを書くことが主要な目的であった。

五九年にもこの時期沖縄に滞在していたのだが、そのときはまだ、四・二八は特別な日ではなかった。メーデーの集会やデモはあったが、四・二八の行動はなかった。四・二八が特別な日になっていくのは、六〇年代のことである。六〇年四月二八日に復帰協が結成され、六一年から復帰協の文書に「屈辱の日」という言葉が登場し、六三年四月二八日に、北緯二七度線上で沖縄とヤマトの初の海上交歓が行われた。

ヤマトでも、六〇年一月、沖縄の労組代表も交えて鹿児島で行われた総評主催のオルグ集会の後、総評、原水協、東京沖縄県人会、社共両党などによって沖縄返還要求国民総決起大会が行われ、四月二八日の東京到着を目指して沖縄返還要求の平和行進が行われた。その意味では、六〇年安保の時代的雰囲気と沖縄返還は、まったく切れていたわけではないともいえるのかもしれない。六三年四月二八日の海上集会には、社会党・総評系の沖縄連や共産党系の諸組織(のちに沖実委(沖細返還要求中央実行委員会)を結成)も参加している。

そして六四年。運動は大きく盛り上がりながら、復帰協の内部は分裂含みであった。

そんな状況を、私は、四月一三日から五月七日まで沖縄にいて、つぶさに見ることができた。四月二七日には、復帰協の車に便乗して沖縄島を北上し、北端の辺戸《へど》岬で、与論島と呼応した復帰貫徹焚火大会に参加し、翌二八日、宜名真《ぎなま》から復帰協の船に乗って二七度線上の海上集会にも参加して那覇に戻った。その報告が、『世界』六四年七月号の「〈ルポルタージュ〉二二回目の「屈辱の日」――沖縄の四月二十八日」*である。多分、初めて書いたルポ風の文章である。復帰協と行動をともにしながら、この時点で、私が何を感じたか、当時の運動周辺の雰囲気がどんなものであったかなどについては、原文を見ていただきたい。

新田暉夫というペンネーム

ところで、この文章は新田暉夫というペンネームで書いている。この時の渡航許可が通常よりもかなり長い期間を要したこと、同じ時期、琉球大学で日本中世文学の講義をするため招聘されていた永積《ながづみ》安明・神戸大学教授に渡航許可が下りなかったことなどによる(永積教授については、琉球大学の学生たちの抗議行動の結果、九月になってようやく渡航許可が下りた。この間の経緯については、鹿野政直『戦後沖縄の思想像』(朝日新聞社、一九八七年)が詳しい)。悪名高きキャラウェー高等弁務官の時代である(八月ワトソン高等弁務官と交代)。ついでに言うと、『世界』のグラビアページの写真(これは『未完の沖縄闘争』には収

『世界』1964年7月号グラビア「沖縄四月二十八日」より（著者撮影）.

録されていない)も、私が当時「バカチョン」カメラと呼ばれていたカメラで写したものである。「バカチョンカメラ」とは、カメラ操作に慣れない素人でも写せるという意味だったが、その後この言葉は、「バカでもチョンでも」という朝鮮人差別に由来する言葉であることが指摘され、使われなくなった。ということは、このころまで、無意識にこうした差別用語を含む言葉が広く使われていたのだ。さらに余談を付け加えれば、田中伸尚『日の丸・君が代の戦後史』(岩波新書、二〇〇〇年)にも、私がこの時写した写真が使われている。

新田暉夫というペンネームは、伊藤修と相談して決めたものだったが、これを見た中野さんは、「こういうのを頭隠して尻隠さず、というんじゃ」と言って大笑いした。渡航申請書は英文で書くわけだし、名前も、ローマ字で書けば、まったく類似性を持たない違った表記になるはずだったのだが……。

七月号のルポについては、作家の小谷剛が雑誌『作家』で、感動したと書いてあった。哲学者の高山《こうやま》岩男は、静岡新聞のコラムで、復帰運動がいかに共産主義者によって操られているかを問わず語りに語っている、と評していた。

新田暉夫のルポを読んで、執筆者と連絡を取りたい、と『世界』の編集部に電話をかけてきた人物がいた。三省堂で『学生通信』という月刊紙を編集していた梅田正己である。『学生通信』は、一言でいえば広報紙だが、極めてユニークな内容で、「現代の目」

というコラムでは、武者小路公秀が「インドシナ問題」を書いたり、渡辺洋三が「憲法問題」を解説していた。私も九月号で、この欄に新田暉夫の名で短い文章を書くことになった。梅田が付けた見出しは、「忘れられた日本　沖縄問題　〝13回目の屈辱〟と叫び」となっている。確かに、四・二八を五二年から数えれば、ちょうど一二年後の六四年の四・二八は一三回目になる。とすると『世界』の一二回目は数え間違いだが、執筆者も編集部もそのことに気付かないままだったのである。梅田は、新田暉夫に沖縄問題研究家という肩書を付けていた。いずれにせよこのときから、梅田との長い付き合いが始まる。

さて、話を元に戻すと、海上集会を終えて那覇に向かった復帰協代表の車列は、夕方、「祖国復帰県民総決起大会」の会場である神原《かみはら》小学校の校庭に着いた。大会参加者は三万人を超えた、と私は書いている。主催者発表の数字だろう。その会場で、私は、「伊江島土地を守る会」の大きな旗を担いで大会に参加していた阿波根昌鴻《あはごんしょうこう》に声をかけた。私が二八歳、阿波根さんが六一歳の時である。翌日、多分那覇のバスターミナルで阿波根さんと落ち合い、一緒にバスに乗って、前日南下して来た道を一路北上した。当時は、もちろん高速道路などはない。一号線(現在の国道五八号線)にも中央分離帯はなく、いざという場合は、滑走路として使われるという話もあった。その一号線も嘉手納の三叉路を過ぎると急に狭くなる。くねくねとした名護《なご》の七曲りも今は懐かしい。名護でバスを

伊江島にて．阿波根昌鴻さんが撮影した著者(1964年4月)．

乗り換えて渡久地《とぐち》港に向かう本部《もとぶ》半島の道路は、まだ舗装されていなかったのではあるまいか。この長い道程を、阿波根さんは語り続け、私はむさぼるように彼の話を聞いていた。渡久地港から伊江村の村営船に乗って、四〇分足らずで伊江島に着く。伊江島では、伊東旅館というところに泊まった。玄関脇に大きな竜舌蘭が花を咲かせていた。

阿波根さんは、旅館を紹介すると、さっそく射爆場に案内した。赤土の中からスクラップを拾い集める女性や子どもたちの姿が痛々しかった。夜は、真謝《まじゃ》部落の人たちとの懇談の場をセットしてくれた。克明につけたノートも貸してくれ、写真ももらった。こうした阿波根さんのバックアップがあって「占領下の伊江島——その苦難と闘いの歴史」*(『世界』六四年八月号)を書くことができた。だが、この中には、阿波根さんはじめ、平安山《へんざん》良有さんなど真謝の人たちの名前は一人も出てこない。何しろ執筆者もペンネームなのだ。彼らに迷惑をかけてはいけないという思いだけが先立っていた。「占領下の伊江島」については、家永三郎が、毎日新聞の「論壇時評」で、感銘を受けた、と書いていた。アカハタは、七月号のルポは無視していたが、八月号は高く評価していた。

伊江島から帰ると、那覇で、いつものようにいろいろな人を訪ねて意見交換をした。この時初めて会ったのは、人民党の比嘉律雄、琉大マル研(琉球大学マルクス主義研究会)の宮城啓(山里章)ら。比嘉さんとは、沖縄に行ったら比嘉律雄に会ってみたら、と国場幸太郎さんに勧められて、伊波《いは》広定さんの家で話をしたが、必ずしも国場さんの見解に同調的ではなかった。帰京後すぐ、池袋の新栄堂書店に勤めていた律雄さんの妹さんを訪ねているが、どんな用件を頼まれていたのかは覚えていない(その頃の沖縄は、今から振り返るとはるかに遠かった。郵便も口数がかかり、国際電話も一通話一五〇〇円ぐらいしただろう。多分、メッセンジャーボーイを頼まれたのは、このときが初めてではない)。

宮城啓との接点は、彼の母親と奥里千代が、教員仲間だったことにあったように記憶する。その後彼とは、沖縄を訪れるたびに、琉大生がよく利用していた首里・当蔵の沖縄そば屋(「さくらや」)などで長時間意見交換をしたり議論をしたりするようになった。

監査事務局への異動、稲毛への転居

私は、一九六四年四月一日付で、文京福祉事務所から東京都監査事務局に異動した。そのいきさつを簡単に記しておこう。

東京都は、大卒の採用者は採用一年後、高卒の採用者は採用五年後、昇任試験を受けることになっていた。合格すると「主事補」から「主事」になる。試験の成績は、その後の昇進にも影響するらしい。採用試験は三桁のどん尻合格だった私は、なぜかこの試験は、二桁の上位合格であった。そこで本庁の監査事務局から声がかかったというわけである。監査事務局は、有楽町駅前の、高架の線路を挟んで当時の都庁のビルと対角線上に位置する交通会館ビルの上の階、九階か一〇階にあった。由井晶子のいる銀座の沖縄タイムス東京支社とは、歩いて三分ぐらいの距離にあった。

異動についての意向打診があったのは二月頃だが、その頃には、『世界』の伊藤修と、四・二八取材の下打ち合わせを始めていた。そこで、四月後半には、沖縄に帰郷しなければならない私的事情があるという話をしたのだが、年間のローテーションからいうと、監査業務が本格的にスタートするのは五月からということで、あまり問題にされなかった。だが、もしかすると、私がペンネームを使った理由の一つに、異動直後に長期休暇を取り、ルポを書くというのは、いくらなんでも厚かましい、という思いが潜在意識的にはあったからかもしれない。

私が異動を決意した大きな理由の一つに、組合活動に負担感を感じ始めていたことがある。このころまでは、都職労が日韓基本条約(後述)反対デモに参加するなど、それなりに活動も活発だったからである。組合活動をやる人間はいくらでもいるが、沖縄をやるのは俺しかいない、というのが、私の自己正当化の論理であった。監査事務局は、都職労本庁支部に所属していたが、組合費が天引きされるだけで、組合は無いに等しかった。

同じころ、私の家族は、品川区の旗の台から、千葉の稲毛へ引っ越すことになった。専売公社を定年退職した父の社宅在住期限が切れたからである。あちこち移転先を探していたが、適当な場所が見つからず、結局稲毛に移ることになった。稲毛には、母の両親が住んでいて、母たちを呼び寄せたがっていた。とりあえず、そこを建て増しして住むことになったのである。

稲毛は、祖父母が住んでいたこともあって、小さい時から馴染み深いところではあった。祖父母も、本所には、よく顔を出していた。だが、当時は、総武線の錦糸町―稲毛間は、電車に乗っているだけで一時間以上はかかった。とくに、船橋、津田沼を過ぎると、電車は延々と広がる畑の中をひたすら走り続けた。津田沼には、沖縄県の習志野学生寮(沖縄学生会館)があったが、小田急沿線の南灯寮に比べて、東京の大学に通う学生たちに敬遠されがちだったという話を聞いたことがある。内陸部を走る総武線と海岸線の中間を、押上発の京成電車も走っていたが、所要時間はそんなに変わらなかっただろう。

稲毛は、東京の当時の子どもたちにとって、潮干狩りで有名な遠足先であった。祖父母の家は、海岸線を走る国道から一つだけ内側の道沿いの高台にあった。その道を腰巻一つの女性が、頭に金盥《かなだらい》を載せて、悠然と歩いていた。都会の子どもには目のやり場に困る風景だったが、そんな情景は、戦後数年ごろの日本の漁村には、特段に珍しくはなかったのではあるまいか。

六〇年代の高度経済成長期に入ると、私たちがアサリやハマグリをとっていた遠浅の海は、はるかかなたまで埋め立てられ、そこに公営団地やマンションを建設するとか、総武線を複々線化して快速電車を走らせるとか、西船橋に地下鉄東西線が乗り入れるとかの計画が一斉に動き出していた。われわれの家族が稲毛に転居するころは、稲毛海岸の埋立地には、住宅団地が建ち始めていた。だが、快速電車は、まだまだ先の話であった。そこで私は、旗の台駅近くの母の知人の家に一部屋を借り、そこを日常生活の本拠として、時々稲毛に帰るという生活を始めた。

ところが、監査業務が始まると、ほかの部署より、はるかに時間的ゆとりがあることが分かった。監査事務局に出勤するよりも、直接監査先へ行く方が多く、監査が始まるのは、始業時間よりは遅く、終わるのは終業時間より早かった。そんなこともあって、やがて旗の台の部屋は引き払い、稲毛から通勤するようになった。八王子のような遠いところに数日監査に行くときは、通勤時間を省略するため、大きなカバンに資料を詰め込んで出かけ、駅前旅館のようなところに立てこもって原稿を書くこともあった。

『沖縄問題二十年』を書く

『世界』の伊藤修から、新書の構想をレジュメ風にまとめるように言われたのは、「占領下の伊江島」の原稿を渡した六月下旬のことである。多分、新書の企画は、伊藤さんから新書編集部の担当者(村山佳代子)に持ち込まれ、具体化していったのだと思う。もちろん、どの段階かで、中野好夫さんの同意を得ていた。

八月頃から、伊藤、村山、私の三人で、全体構想の中身や原稿の書き方について、何回か打ち合わせや相談をした。相談というよりも、彼ら二人が、私の構想や原稿についてさまざまにコメントをする機会を持った、ということである。その場所は、岩波書店だけではなく、監査事務局の入っているビルの三階にある喫茶店を使うこともあった。

新書は、卒論、とくにその第四章「日本復帰運動の本質とその展開」をベースにし、それを膨らましたものといえる。日本復帰が、単なる帰属問題ではなく、沖縄戦体験を踏まえた平和への希求や、米軍政下で培われた人権感覚に支えられた民衆の権利要求であることを、歴史的過程を通して明らかにすることにその目的があった。このころになると沖縄に関しても、読みやすい本はいくつか書かれており、岩波新書にも、すでに瀬長亀次郎『沖縄からの報告』(一九五九年)や比嘉春潮・霜多正次・新里恵二『沖縄』(一九六三年)などがあった。しかし、沖縄戦後史を通史的に記述した本としては初めてのものだろう。

担当の村山さんが、最初に「高校生にも読めるように書いていただくのが新書ですから」と言ったのを覚えている。それにしては私が高校生の時代に読んだ新書はずいぶん難しかった気もしたが、それは読者の能力の問題かもしれなかった。それだけに、それなりの工夫も必要だった。工夫といえるかどうかわからないが、対日平和条約発効後の一九五二年から、五六年の「島ぐるみ闘争」爆発までの時期を、「沖縄の暗黒時代」と呼んだのもその一つである。それは高校で学んだ西洋史からヒントを得ていた。ヨーロッパ中世を指す「暗黒時代」という呼び名を「米軍のあからさまな弾圧と脅迫のなかでくりひろげられた少数者の闘いの時代」の呼び名として使ってみたのである。

四〇〇字詰め原稿用紙三〇〇枚弱の原稿は、九月頃から翌年の一月頃までであらかた書き上げた。しかし、読み直してみると、編集者や中野さんの指摘を待つまでもなく、かなり加筆修正が必要だった。そうした補正作業を行って原稿がほぼ完成したのが三月後半。中野さんはその原稿を御茶ノ水の山の上ホテルで読み、私と村山さんがホテルに出かけて意見・感想を聞いた。内容的な指摘はほとんどなく、注文は文章の書き方に終始していたように思う。「主語と述語を明確に」「文章はできるだけ短く」などは、「沖縄資料ニュース」の原稿の際にも繰り返されていたことだが、分量の多い本の原稿となると、知らず知らずのうちに、四〇〇字詰め原稿用紙一枚に句点が一つもないような文章まで混じってしまっていた。中野さんは、「この原稿を一週間放って置いてから読み直してみると、どこを直せばいいかわかるよ」といった。

なるほど数日後に読み直してみると、締め切りに追われて、あれもこれも突っ込もうとした、難解で、長たらしい文章の欠陥が、自分自身で実感できた。私が、書きあげた文章を、少なくとも一晩寝かせて、読み直してから編集者に渡すという習性が付いたのは、このときからだろう。中野さんは、初校ゲラも丁寧に読んで、ところどころ赤字を入れた。それを見て私は、さりげない、わずかな表現の修正で、文章が滑らかに読みやすくなることを痛感した。

中野さんの赤字が、単なる表現の修正にとどまらなかった事例を一つだけ記憶している。

「アイゼンハワー米大統領が、復帰協のデモにあい、「滞在時間をくりあげ、帰途を変更して、琉球政府の裏口から舗装もされていない道を通って韓国へと去った」というくだりである。私の原稿には、「〝南朝鮮〟へ去った」となっていた。当時、つまり六〇年代中期、日韓条約締結に向かう時期、日本の革新とか、左翼とか呼ばれる人たちの間では、朝鮮半島に存在する二つの国家のうち、北の国家を正当化する傾向が強かった。そのことの反映もあってか、「韓国」と同時に、「南朝鮮」という表現もかなり一般的に使われていた。中野さんは、さりげなく、「南朝鮮」を「韓国」に直していた。私は、この修正に、中野さんらしい筋の通った政治的スタンスを感じた。

多少わき道にそれるが、ここで当時の韓国情勢を見ておこう。

六〇年の四月革命で李承晩《イスンマン》独裁政権が打倒された後、韓国(大韓民国)では、民主化と南北統一の機運が盛り上がるが、六一年五月の朴正熙《パクチョンヒ》らの軍事クーデタでこの流れは阻止される。当時の韓国は、北朝鮮(朝鮮民主主義人民共和国)から食糧支援を申し出られるような窮乏状態にあったが、朴正熙はこれを拒否し、日韓交渉に活路を見出そうとしていた。すなわち、植民地支配に対する日本からの賠償金によって経済基盤整備をしようとしたのである。結局、多くのあいまいな点を残しながら、日本側からの無償三億ドル、有償二億ドル、民間借款三億ドルの供与と融資によって、請求権問題は一切解決したことになった。これに対して、四月革命を主導した韓国の学生や民衆は激しく反発した。

六四年六月初旬の私の日記に次のような記述がある。

「韓国はすごい。朝鮮人のエネルギーはすばらしい。もちろん状況がエネルギーを引き出したのだろうが、ないところからは引き出せない。順序を経て進む戦術も見事だ。日本にも、あるいは沖縄にも、同じエネルギーはあるだろうか。あっても繁栄監獄という状況がそれを拡散させているのか。」

「繁栄監獄」という言葉が、私自身の造語か、どこかからの借用かは覚えていない。だが他で使った記憶はない。日本はこの時、一〇月の東京オリンピックに向かって突き進んでいた。沖縄でも聖火リレーが行われることになっていた。

もう少し日韓条約について触れておけば、日本における社会党や共産党の反対運動は、韓国を朝鮮半島における唯一の合法的な政権であることを認めるという点にあり、韓国における反対運動は、植民地支配の清算が明確でなく屈辱的という点にあった。日韓基本条約は、六五年六月に締結され、一二月に発効した。

話を元に戻そう。中野さんは、「まえがき」は自分が書こうといった。その「まえがき」で中野さんは、私たち(中野さんと私)の執筆の意図を「(沖縄からの報告、訴えでもなく、本土側からこの問題を考えたものでもない。) 一言でいえば、戦後二十年の沖縄問題を、本土と沖縄との結び目、結節点においてとらえてみたいと考えた」と書いている。中野さんが、この「まえがき」の中で、一カ所だけ、「わたし」という一人称単数で書いている部分がある。その部分を紹介しておこう。

「正直にいうが、少くともわたしは、戦後沖縄県民の間から祖国復帰の運動が起るなどとは予想しなかった。歴史的な収奪、差別的処遇があった上に、さらに最後に沖縄戦という犠牲を強いられた人々が、もはや祖国に愛想をつかして、日本からの離脱を考えたところで、わたしたちとしてはとうてい一言もなかったからである。だが、事実はその後まもなく強い祖国復帰への動きが、脈々として盛り上りつつあることを知らされて、正直にいって驚いた。これは絶対に応えなければならない義務と責任があることを直感した。沖縄出身でもなければ、沖縄の土を踏んだことも ない(もっと正確にいえば、踏むことを許されない)わたしが、柄にもなく沖縄問題に関心を持ち出したキッカケである。」

『沖縄問題二十年』の第一刷は、六五年六月二一日付で出版された。第一刷は三万五〇〇〇部、定価は、一五〇円だった。私の肩書をどうしようかということになった時、中野さんは「沖縄資料センター主任研究員」とでもしておけばいい、といったが、一人しかいないのに主任研究員はおかしいな、と思って、結局「現在―「沖縄資料センター」所属」ということにした。七一年の九刷から、これを削除して、「沖縄返還と70年安保」、「ドキュメント沖縄闘争」(編)と著書を入れている。

ゲラをチェックしている途中で、中野さんがふと思いついたように、「誰か君の信頼している人で、ゲラを読んでくれるような人はいないか」と聞いた。さっそく新里恵二さんに読んでもらった。そんなこともあって、本ができると新里さんは、出版祝賀会をやろうと言い出した。新里さんが裏方になって、一〇月一六日、千代田区一ツ橋の如水会館で、海野普吉、神山政良、木下順二、比嘉春潮、霜多正次、吉野源三郎といった人たちを発起人として、本の出版を祝い資料センター運営の労をねぎらう激励会が開かれた。一〇月二八日付の沖縄タイムスが、会の様子と絡めて、中野さんと私のことを詳しく紹介している。この本は七四年までに、九刷一三万五〇〇〇部発行された。

激動する世界と沖縄

初めてのルポ風の文章を書いたり、本を出したり、異動・転居をしたり、と私がキリキリ舞いをしている間にも、世界情勢は、どんどん変化していた。日韓交渉やこれに対する反対運動についてはすでに触れたが、南ベトナム内戦介入へのアメリカの動きも急速であった。いわゆる「トンキン湾事件」、すなわち米国防省が、米駆逐艦がトンキン湾で北ベトナム魚雷艇に攻撃された、と発表したのは、六四年八月二日のことである。八月六日の日記に、私は、次のように書いている。

「トンキン湾はベトナム民主共和国の内海であり、北進論が取り沙汰されて間もなく起きた米軍の〝反撃〟が何を意味するかは、いわゆるブル新の記事からだけでも明らかだ。それでも彼らは、熱心に、「北ベトナムの挑発を国際世論の場に引き出すとともに、限定された反撃の断固たる意思を示した米国の意図」を伝えている。」最近の「北朝鮮の挑発」と何と似ていることだろう。

ソ連のフルシチョフ党第一書記兼首相の解任が一〇月、日本では、一一月、病気で辞任した池田勇人《はやと》の後を継いで佐藤栄作が首相に就任していた。沖縄では、六月に自民党から脱党したグループ(自由党)が、一二月には、自民党と再合同して民主党を結成していた。

この年の一〇月下旬、立法院議員団が、砂糖の自由化問題に関する陳情で上京してきたことがある。この時私は、長嶺秋夫・立法院議長(自由党)、知花《ちばな》英夫・社大党政審会長、古堅実吉・人民党書記長にインタビューをしている。キャラウェー時代が過ぎると、ヤマトと沖縄の人的往来も比較的楽になり、沖縄に行かなくともいろいろな取材もしやすくなっていたような気がする。このインタビューは、『世界』六五年一月号に掲載されているが、聞き手の名前は出てこない。ペンネームを使い続けるかどうか迷っていたのだろう。結局ペンネームは使わなくなった。

一〇月には、喜屋《きゃん》武真栄・復帰協会長も上京してきたので、梅田正己と一緒に宿泊先の「うずら荘」を訪ねた。梅田が是非紹介しろと言ったのかもしれない。四月訪沖の時よりも、ゆっくり話ができた感じであった。喜屋武さんは、「転機に立つ祖国復帰運動」(『世界』六三年七月号)を読んだとき、新崎盛暉というのは、誰のペンネームだろうと思ったといった話をした。翌六五年一月発行の『学生通信』に、喜屋武真栄の「沖縄からの手紙」という文章が載っている。このとき梅田が頼んだものだろう。文章の手直しを手伝った記憶がある。

一一月下旬、由井晶子さんから、沖縄タイムスの六五年元旦号に、「激動する世界の中の沖縄」といったテーマで原稿を書くように依頼された。沖縄地元紙からの初めての寄稿依頼である。当時は新聞の活字が小さかったこともあるが、分量的にも四〇〇字詰め一〇枚を超える、新聞原稿としてはかなり長大なものではなかったろうか。

六五年二月から、沖縄タイムスは、月一回、「本土紙に見る沖縄問題」という常設欄を設けた。このころになるとヤマトの新聞や雑誌にも沖縄に関する記事、ルポ、論文などが増え、それらを沖縄から逆照射する必要が出てきたことを示しているといえるだろう。私は、この欄で、これらの論調を分析・解説する役割を担当した。琉球新報に執筆したのは、一〇月二七日と二八日の「本土紙と沖縄問題の二〇年――朝日報道以前のこと」(上・下)が初めだと思う。

いずれにせよ、世界も、沖縄も、激しく動き出していた。六五年一月、佐藤栄作首相は、日米首脳会談で、米大統領とともに、日本側として初めて、「沖縄……における米国の軍事施設が、極東の安全のため重要である」ことを認めた。そして、こうした認識を前提にして、沖縄の施政権の早期返還を希望した。これを受けて米側は、「極東における自由世界の安全保障上の利益がこの願望の実現を許す日を待望している」と述べた。

二月七日、いわゆる北爆、米軍による北ベトナム爆撃が始まった。南ベトナム内戦への米軍の全面介入が開始されたのである。南ベトナムには、在沖米海兵隊が次々と送り込まれ、沖縄は、否応なくベトナム戦争における米軍の介入拠点であることが明らかになった。軍用船に乗り組む基地労働者に南ベトナム行きの命令が出され、基地労働者の組合、全軍労がこれを拒否するといった事態も起こった。にもかかわらず米軍は、一本釣りで、タグボートの乗組員をベトナムに連れて行っていたことが、現在では、当事者たちの証言で明らかになっている。ソ連政府は、沖縄を含む日本の基地が南ベトナムの米軍の作戦行動に使われていることに警告を発した。ベトナム出動を前に、海兵隊員と空挺部隊の隊員が集団で衝突するという事件も起きた。グアムを根拠地とする戦略爆撃機Ｂ52が、台風避難を口実に嘉手納に移動し、嘉手納から直接ベトナム爆撃に飛び立ったのが七月。八月には、佐藤首相が日本の首相として戦後初めて沖縄を訪問し、「沖縄の祖国復帰が実現しない限り、わが国にとって「戦後」が終っていない」と述べた。

この佐藤発言をどう理解するかについて、ごく単純化すれば二つの解釈があったように思う。一つはこれを「沖縄に対するリップサービス」と理解するもの、もう一つは「彼らの帝国主義的願望の表明」と捉えるものである。私は後者だったが、後者の方が少数派だった。

六〇年代前半は、沖縄の実情を伝え、沖縄問題を継続的に論評する総合誌は『世界』ぐらいであったが、六五年になると、『現代の眼』『エコノミスト』『朝日ジャーナル』、さらには『潮』『中央公論』『展望』など、多くの月刊誌や週刊誌が沖縄問題を継続的に取り上げるようになった。佐藤訪沖の前後に私自身が書いたものとしては、「基地沖縄の内幕」*(『現代の眼』六五年六月号)、「佐藤訪沖の意味とその背景」*(『エコノミスト』六五年八月九日号)、「安保体制下の沖縄とベトナム戦争」*(『世界』六五年一〇月号)、「佐藤訪沖と日米関係」*(『世界』六五年一〇月号)などがある。

「基地沖縄の内幕」は編集者が付けたタイトルだが、米軍基地の実態を整理したものである。と言っても軍事問題の専門家でもない私にできることは、地元紙をはじめとする各種資料に散在していた無数の断片的資料を体系的に整理しただけである。その背景には、毎月書き続けている「沖縄資料ニュース」の蓄積があった。このころになると、沖縄タイムスの国吉永啓をはじめ、地元紙の記事を書いている記者たちにも知り合いが増え、直接疑問を質すこともできるようになっていた。だが逆に言えば、このころまでは、沖縄基地に関しては、その程度の情報整理もなされていなかったのである。

『世界』一〇月号には、署名入りと、無署名の二つの原稿を載せている。「安保体制下の沖縄とベトナム戦争」の原稿を渡した締め切り間際、神田神保町のすずらん通りにある揚子《ようす》江《こう》菜館という中華料理屋で、夕食を食べながら、「日本の潮」に明日までに、佐藤訪米について書いてくれと伊藤修から言われたのである。無理だよ、と断ったものの、結局は引き受けさせられてしまった。佐藤訪沖の同行記者か、現地特派員(このころになると全国紙のすべてが那覇支局を開設していた)に依頼していた原稿が、何かの事情で使えなくなったらしい。総武線の御茶ノ水から稲毛の間で紹興酒の酔いを醒まし、徹夜で二〇枚強の原稿を書いて下書きのまま渡した。佐藤訪米の直前、『エコノミスト』の原稿なども書いており、新しく調べ直すこともなかったとはいえ、遅筆の私にとって、一晩で二〇枚というのは、空前絶後の記録である。おまけに私は、悪筆である。中野さんに「新崎君の字は、半年見ないと読めなくなる」と言われたこともある。だからとりあえずは、きちんと清書した原稿を渡すことにしていたのだが、このときはその余裕はない。私の字に慣れていたとはいえ、伊藤は、下書き原稿を何とか読み解いたのである。

六五年は、戦後二〇年である。『学生通信』は、前年度の「現代の目」の欄を、六五年度は、「戦後二〇年」に変え、四―六月は、三回連続で、私が「戦後沖縄のあゆみ」を書いている。続いて、七―九月は、遠山茂樹の「平和のあゆみ」だった。

六四年春から、六五年夏に至る私の一年余の時間は、こうしてあわただしく過ぎていった。私の虚弱体質も、社会人になると学生時代よりは多少改善されていたような気がする。二四時間不眠不休というのは、『世界』六五年一〇月号の「日本の潮」の原稿を書いた時ぐらいだが、帰宅して一眠りしてから夜明けまで仕事をするのは稀ではなかった。それでも、いつも、風邪をひいたり、鼻血を出したり、虹彩炎という眼病(医者は疲れが原因といっていた)を発症したりはしていた。それでも、二足の草鞋、三足の草鞋を履き分けて走り回ることに支障は感じなかった。沖縄資料センターの運営や文筆活動は、私に、自分が果たすべき社会的役割を果たしているという満足感を与えていた。いわば、仕事に支えられて、仕事を続けていた。

六　排他的米軍事支配の破綻へ

結婚

一九六六年三月、私は、吉田恵子と結婚した。恵子は吉田嗣延《しえん》（前出）の次女で、父親の出征中、一九四一年沖縄で生まれているが、四四年、米軍に撃沈された対馬丸《つしままる》と同じ船団の和浦丸《かずうらまる》に乗った学童疎開の引率教員であった母親に連れられて九州に疎開していた。早稲田大学の教育学部を卒業して、小学館で『小学四年生』という雑誌の編集をしていた。

媒酌人は中野好夫・静夫妻。司会は、三橋修・鈴木政夫・勝野巽の三人。三橋は駒場（東大教養）以来の友人で、後に和光大学学長もやることになるが、このときは、日本リサーチセンターというところに居た。鈴木も福祉事務所時代の友人だが、このときは、東京都社会福祉会館というところに居て、都庁を定年退職後、社会事業大学の教員になった。勝野も福祉事務所時代の仲間で、その後も長い付き合いが続く。

出席者は、高校時代の友人の岡崎宏と元島邦夫。岡崎は、都立大崎高校教諭になって、高校生時代からの希望通り、世界史を教えていた。元島は、高校時代は勉強一本やりの秀才で、私たちとは別世界の人間のように見えたが、社会学科でまた一緒になった。結婚式の時に回覧された色紙に、「家事労働を均等割りにせよ」と書いていた。そこに彼のイデオロギー、あるいは社会的スタンスがにじみ出ていた。彼はこの時すでに埼玉大学講師として労働社会学を教えていたはずだ。ほかに駒場時代の友人として、石渡弘美と三宅晋がいた。石渡は、教育学部を出て、一年先に都の労働局に入っており、私が都に合格して以来の指南役だった。

日高六郎さんと綿貫《わたぬき》譲治さんも出席してくれた。私が社会学科に進学したころ、綿貫さんは、前出の松原治郎さんと一緒に助手をしていたが、私が留年した年に講師になり、私の卒論を読んでくれていた。このときは助教授だったが、その後上智大学に移った。岩波からは、『世界』から『思想』編集部へ移っていた伊藤修と新書編集部の村山佳代子。沖縄関係では、新里恵二、由井晶子、儀同保の三人が、沖縄資料センター会員として出席していた。

東京都監査事務局からは、直属上司の牛込久治第一課長・石島豊二主査、先輩格の友人・山中哲夫と藤井和彦の四人。石島が色紙に「お互いに「みみずの美容体操」を克服しよう」と書いてあったところを見ると、私の悪筆は、職場でも有名だったのだろう。

山中哲夫と藤井和彦は、連名で、色紙に「新崎氏へ　結婚式にはチコクしなくてよかったね……　しん奥さんへ　チコクしないように起してくれ」と書いてあった。よほど私の遅刻が目立っていたのだろう。

山中は、東大の先輩でもあったのだが、藤井とは、特別なつながりはなかった。政治的立場も、社会問題に対するスタンスも同じではなかった。春日部(埼玉県)の地主の息子で、戦後の農地改革の不当性について語ってくれたこともある。沖縄に特に関心を持っていたわけでもないようだった。にもかかわらず、なぜか私のような「職場の問題児」の生き方にも関心を持ち、それとなくかばったり、助けたりしてくれていた。私が、何とか二足の草鞋を履き分け続けられたのも、福祉事務所にも、監査事務局にも、こうした友人たちの存在があったからだろう。これらの友人たちの何人かとは、都庁をやめた後も、長い付き合いが続く。藤井和彦は、私が沖縄に移住した後、家族連れで沖縄観光に来て、那覇・栄町の居酒屋「うりずん」で双方の家族ぐるみで歓談したこともある。

違憲訴訟と立法院議員選挙をめぐる動き

では、一九六五年後半から、六六年にかけてというのは、どんな時代だっただろうか。視野を広くとってみると、ベトナム反戦運動が世界的な広がりを見せていた時期であり、中国における文化大革命が注目され始めていた時期である。沖縄に絞ってみれば、佐藤訪沖後の施政権返還に向けた試行錯誤の時期であった。

この時期、私は、『世界』六五年一一月号の「日本の潮」欄に、「沖縄からの二つの訴訟*」という解説記事を書いている。六〇年代は、「平和憲法下への復帰」というスローガンが形骸化する一方で、自主・自立へ向けての模索が続いていた時代でもあった。六二年二月一日の、国連における植民地解放宣言を引用した立法院の復帰決議、沖縄自民党の分裂をもたらした主席公選闘争なども、そのことを示す証左と言えよう。

六五年から沖縄でも、五月三日が憲法記念日になった。立法院が、「住民の祝祭日に関する立法」に「憲法記念日」を付け加えたからである。「住民の祝祭日に関する立法」は、沖縄には適用されない日本法の「国民の祝日に関する法律」と足並みをそろえるために制定されたものであったが、六五年の立法改正までは、憲法記念日はなかったのである。ついでに言えば、沖縄の立法にあって日本の法律にないのが、六月二三日「慰霊の日」であった。沖縄返還によって、沖縄が日本法の適用下になった時、「慰霊の日」はかろうじて県条例に残ることになった。

立法院が憲法記念日を制定したこの年九月、沖縄から、東京地裁に、二つの違憲訴訟が提起された。瀬長亀次郎ら三名を原告とする渡航拒否による損害賠償請求訴訟と、丸茂つるら五名を原告とする原爆医療費請求訴訟である。この時期まで、沖縄在住の原爆被爆者には、原爆医療法は適用されていなかったのである。憲法を活用して実質的な権利回復を試みた二つの違憲訴訟は、それなりの意味を持っていたが、時代的制約もあった。たとえば、原爆医療費の支払い請求は、朝鮮半島や台湾在住被爆者への医療費支払い要求運動の先駆けをなす性格のものであったが、この段階ではまだ誰も、そこまでの問題意識は持ち得ていなかった。この二つの訴訟は、判決が出る前に沖縄返還となり、取り下げによって終了した。

一一月には、第七回立法院議員選挙が行われた。四日が立候補締め切りで、投票日は一四日、投票率は、八三・二二%。投票日を間に挟む数日間、私は沖縄にいた(らしい)。「らしい」というのも変な話だが、このときの訪沖に関しては、瀬長亀次郎ら失格宣言が出されると噂されていた候補者の選挙事務所などを訪ねたおぼろげな記憶はあるが、それ以外の記憶はほとんどない。だが、「沖縄資料ニュースNo. 40」(六六年一月二一日付)の「事務局だより」によれば、前年一二月一三日に、新里恵二を講師として開かれた「基地と施政権分離論の理論的検討」をメインテーマとする沖縄資料センターの第五回研究会の最後に、私がわざわざ三〇分だけ時間をもらって「第七回立法院総選挙の現地実状報告」をしたと書いてあるから間違いない。『世界』六六年一月号の「日本の潮」に「沖縄総選挙の残したもの」*という解説記事を書いているのも私である。同じ号に、琉球政府主席・松岡政保《せいほ》へのインタビュー「施政権返還への捷径《しょうけい》」が載っている。「まず民主党総裁として今度の立法院選挙の結果をどう評価しておられますか」と切り出し

「〈討論〉祖国復帰をどう実現するか」収録風景(『世界』1966年2月号). 右から安里, 瀬長, 岸本, 中村の諸氏. 左端が著者.

ているから、選挙直後主席室あたりで行われたものだろう。

『世界』二月号には、私が司会をした中村晄《てる》兆《あき》(沖縄民主党前副幹事長)、安里積千代《あさとつみちよ》(沖縄社会大衆党委員長)、岸本利実(沖縄社会党書記長)、瀬長亀次郎(沖縄人民党委員長)の「〈討論〉祖国復帰をどう実現するか――沖縄四政党の立場」が載っている。那覇市久茂地《くもじ》の琉球料理〈美栄《みえ》〉の一室らしい座敷で五人が話し合っている写真も、テープレコーダーと一緒に写っている。多分、『世界』編集部と相談して企画を立て、立法院選挙に照準を合わせて、佐藤訪沖後の沖縄情勢を取材しようとしたのだろう。このときの『世界』の担当は、岡本磐男だったと思う(五〇年以上も経ってから、瀬長亀次郎の日記に、六五年一一月一七日に美栄でこの座談会が行われたという記載があることを、瀬長の活動を記念する資料館「不屈館」の内村千尋館長に教えてもらった）。

第七回立法院議員選挙の注目点は、自民党の分裂、そして日本政府・自民党の圧力による保守派の再統合（民主党結成）というプロセスを伴った主席公選問題や、その年八月の佐藤首相の訪沖に民意がどう反応するか、という点であった。結果は、得票率においては、民主党約四七％、野党各派約五三％だったが、小選挙区制と、事実上当選していた社大党候補の被選挙権を布令で剝奪することによって、民主一九、社大八、社会一、人民一、無所属三、という結果になった。この結果を踏まえて、一二月二〇日、米大統領は、「琉球列島の管理に関する行政命令」（大統領行政命令）の一部を改正、「行政主席は立法院で選挙」（間接選挙）すると発表した。

この時期になると、沖縄の施政権を日本に返還することそれ自体は、既定方針となっており、その時期や返還の形態が議論されるようになっていた。民主党は、立法院議員選挙を前に、「基地・施政権分離による祖国復帰」を基本方針として打ち出していた。これに対して社大・人民・社会の三党は、佐藤訪沖の直後、「安保体制打破による祖国復帰」を統一選挙綱領に定めていた。松岡政保へのインタビューでも、四政党代表との討論でも、話題の一つは、この分離返還論であった。民主党のプリンスと言われた保守派の若手理論家・中村晄兆は、野党の主張は、反体制施政権返還論であり、自分たちの主張は、体制内施政権返還論だと位置づけていた。分離返還論には、さまざまな形態があったが、沖縄の早期返還を実現するためには、軍事施設・機能の排他的管理・運用権を米側に残したまま、軍事機能と直接関係のない施政権、たとえば教育権を日本と同一の法制度下に置く、といった考え方である。具体的な実現可能性は別にして、早期返還を望む心情に付け入りやすい主張ではあった。

沖縄資料センターの第五回研究会の講師・新里恵二は、「基地・施政権分離論に一貫して反対してきた」立場から、研究会のテーマと同じ論文を沖縄タイムスに三回にわたって掲載しており、そこには、「相互討議の前提としての質問」というサブタイトルが付いていた。新里恵二が、質問を投げかけているのは、床次《とこなみ》徳二、宮里政玄、比嘉幹郎《みきお》である。床次徳二は、自民党の沖縄問題特別委員会の委員長で、六五年四月、『沖縄復帰への私見』というパンフレットをまとめ、分離返還論を主張していた。

私自身も基地・施政権分離論はまやかしであると指摘していたが(たとえば、「岐路に立つ沖縄——基地と施政権」*『世界』六六年八月号など)、比嘉幹郎や宮里政玄が分離論に賛同しているかどうかにはそれほど関心がなかった。私の関心は、むしろ、自分と全くキャリアの違う彼らの発想や研究業績から、何が汲み取れるか、という点にあった。比嘉幹郎は、『沖縄問題二十年』とほぼ同時期に『沖縄——政治と政党』(中公新書、一九六五年)を出していた。宮里政玄の「アメリカの沖縄統治」(『人文社会科学研究』第一—三号、琉球大学人文科学研究所、一九六三—六四年)は、『沖縄問題二十年』を書くとき参考にしていた。

そんなこともあって、宮里政玄を中野好夫さんに紹介したのは、多分、私だったと思う。もしかすると、六五年一一月の訪沖の時にも、比嘉幹郎や宮里政玄を訪ねていたかもしれない。比嘉幹郎は、当時、首里坂下にあった琉大の寮にいた。宮里政玄の家は、前出の儀間よしの家から歩いて四、五分のところにあった。

もう一度話を、四党討論に戻そう。ここで安里積千代が次のような発言をしていることに注目しておきたい。

「私どもは沖縄問題を、国連その他国際的な場に訴えろと主張している。これに対し本土政府はあくまでも日米間の問題であって、国際問題じゃないんだといって、国際政治の場に持ち出されるということを非常に警戒している。」

これは、いわゆる二・一決議を起点とする発想だが、国際世論を巻き込んで問題解決をはかろうとする点では、現在の、国際人権法に依拠して局面打開を図ろうとする主張とも通じるものがある。

教育権返還構想と教公二法、そして裁判移送

一九六六年の沖縄の政治は、第七回立法院議員選挙の結果にどう対応するか、ということを主軸に展開していった。選挙結果は議席数では保革の比率は現状維持だったが、それは、小選挙区制と、布令による被選挙権剝奪によってかろうじて維持されているに

過ぎなかった。保守派にとっては、高まる民衆の主席公選・自治権拡大要求に対応するための体制整備が急がれていた。

六六年五月、琉球政府が、地方教育区公務員法、教育公務員特例法のいわゆる「教公二法」案を立法院に送付したのも、そうした対応策の一つであった。教公二法案は、教職員の身分保障と抱き合わせで、教職員の政治活動や争議行為の制限、勤務評定などを定めるものであるが、これらは、すでに日本本土では法制化されており、教育制度の本土との一体化、本土並み化と意味づけられていた。

教公二法案と裏表の関係にあるのが、教育権の分離返還構想である。六六年八月、森清総理府総務長官は、閣議で、まず教育権の返還を進めることを報告して首相の了承を得、総理府総務長官の諮問機関として、大浜信泉《のぶもと》座長以下一一人の沖縄問題懇談会を発足させた。それに先立ち、政府は、佐藤訪沖後の六六(昭和四一)年度から、沖縄に対する経済援助額を前年度の二倍強に増額したが、中でも義務教育教職員給与の半額国庫負担、小中学校教科書の無償配布など、沖縄の劣悪な教育環境の是正、言いかえれば、教職員会対策に照準が合わせられていた。

一方佐藤首相は、心情的な本土・沖縄一体化論に基づく日米沖縄共同防衛論を強調し始めていた。三月の参院予算委で、もし沖縄が攻撃されるようなことがあれば「第一義的にはアメリカがこれを守るにいたしましても、私どもも沖縄同胞のために、日本人らしく、……防衛の任に当たる」と発言したのもその一つである。

米軍側の基地機能の整備・強化への姿勢は、こうした政治的論議とは無関係であり、基地をめぐる事件・事故も続発していた。米軍が、具志川村《ぐしかわ》(現うるま市)昆布《こんぶ》の新規土地接収を通告してきたのは一月、米軍空中給油機が嘉手納基地近くで墜落、村民の自動車が炎上して死亡者を出したのが三月である。

こうした中でワトソン高等弁務官は、六月七日、琉球上訴裁判所ですでに審理を終え、判決を待つばかりになっていた二つの民事事件を、米民政府裁判所に移送するよう命令した。

当時の沖縄には、三種類の裁判所があった。一つは、琉球人のみが関係する事件を扱う(琉球政府の)裁判所、米軍人・軍属の事件を扱う軍事法廷、軍事法廷の対象外の米市民の事件や米軍支配に関係する事件を扱う米民政府裁判所である。移送命令を受けた二つの事件というのは、前回の立法院議員選挙で事実上当選していながら、布令第六八号「琉球政府章典」を根拠に被選挙権を奪われた友利隆彪《ともりたかとら》が、相手候補の当選無効を訴えた「立法院議員選挙当選無効請求」(通称友利裁判)と、琉球漁業株式会社が琉球政府を相手取って起こした「物品税過誤納金還付請求」(輸入サンマの物品税をめぐる訴訟・通称サンマ裁判と呼ばれた)である。このまったく無関係に見える二つの裁判の共通点は、布令の効力が問題とされていた点である。そして、下級審である中央巡回裁判所は、米大統領行政命令の「高等弁務官は……琉球列島にある人々に対し、民主主義国家の人民が享受している言論、集会、請願、宗教並びに報道の自由、……自由又は財産の剥奪からの保障を含む基本的自由を保障しなければならない」という規定に照らして、布令の規定は無効と判定したのである。

巡回裁判所のこの判決は、あくまで米大統領行政命令の枠内で、住民に最大限の権利を保障しようとするものであった。しかし、琉球政府の裁判所は、このような形で法令審査権を行使することによって、この行政命令のタテマエと本質の矛盾、いいかえれば沖縄支配の矛盾を鋭く暴きだすことになったのである。このような事態を黙認すれば、軍用地接収のための布令の効力も否定されかねない。高等弁務官は、上訴裁判所が判決を出す前に、何らかの手を打たざるを得なかった。裁判移送命令は、ワトソン高等弁務官による唯一の強権発動であった。

だがこの強権発動は、沖縄社会に予想を超えた反発を招いた。下級裁判所の全判事が、移送命令を批判する共同声明を出し、立法院が全会一致で抗議決議を行った。裁判移送撤回共闘会議が結成され、米民政府前での座り込みも始まった。高等弁務官との折衝で事態を打開できなかった立法院は、日本政府や国会に協力要請をするための代表団を上京させた。当初、政府・自民党は、「現地で解決されるべき問題で、日本政府がタッチする必要はない」としていたが、波紋は瞬く間にアメリカにも届いた。この辺までの推移を、私は、『世界』六六年一〇月号の「日本の潮」欄に「沖縄裁判移送問題のゆくえ」*と題してまとめている。

結局移送命令は撤回されなかったが、移送裁判を審査する米民政府裁判所の判事二名が任命された九月二八日、ワトソン高等弁務官の更迭が発表された。一一月二日に着任した後任のアンガー高等弁務官は、「琉球政府章典」の被選挙権剝奪条項を廃止した。さらに廃止予定の布令・布告のリストを琉球政府に渡すとともに、主席公選を検討中であることを明らかにするなど、前任のワトソン高等弁務官以上に柔軟な姿勢を示した。

一二月二日、米民政府裁判所において行われた移送裁判の判決は、友利隆彪の立法院議員当選を宣告するとともに、沖縄側の裁判所にも部分的には法令審査権があることを認めた。これとバランスをとるためか、サンマ課税は適法と判断した。裁判移送命令は、実質的には、現状維持のための最後の強権発動となった。

教公二法阻止闘争

裁判移送問題が一件落着の形をとると、クローズアップされてきたのが教公二法である。友利隆彪が議席を回復しただけでなく、「琉球政府章典」の被選挙権剝奪条項が廃止されると、民主党の立場は一層不利になる。おまけに、これより先、『世界』の四党討論の場にも出席していた民主党の論客・中村晄兆が、裁判移送問題で上京中に失踪事件(この事件や中村晄兆については、佐野眞一『沖縄 だれにも書かれたくなかった戦後史』(上、集英社文庫、二〇一一年)がやたらに詳しく書いている)を起こして辞職し、八月に行われた彼の選挙区の補欠選挙では、革新三党の推薦する教職員会出身の候補・吉田光正が民主党候補に大差をつけて当選していた。すでに立法院における議席は、一七対一五と接近していた。時代は、高等弁務官が、主席公選を検討中と語るところまで来ていた。民主党としては、何としても地域に根を張る教職員会の政治活動を規制する必要があった。

こうした民主党の動きに対しては、教職員会が反対していただけでなく、幅広い世論が批判的であった。新聞論調だけでなく、ＰＴＡ連合会、教育委員協会、教育長協会などども、いたずらに対立抗争を激化させてまで教公二法案の成立を図るべきではない、としていた。

六六年末から六七年一月にかけて教公二法阻止闘争が急速な盛り上がりを見せた直接的なきっかけは、浜端春栄《はまばたしゅんえい》議員の民主党入党であった。初代全沖労連委員長であり、県労協副議長をも歴任した浜端は、六五年一一月の立法院議員選挙に革新無所属として立候補し、民主党の対立候補を破って当選していた。民主党は、与野党同数の文教社会委員会(文社委)にあらかじめ浜端議員を配置し、これを民主党に入党させて多数を制し、一挙に教公二法案を採択しようとした。

こうした動きが革新側を刺激し、教公二法案は、教職員会の問題から革新総体の問題になった。六七年一月七日、教職員会に革新三党、復帰協、県労協などを加えて、教公二法阻止県民共闘会議が結成された。一月一〇日、民主党は、警察力によって共闘会議の請願団を院内から排除し、一八日から実質審議に入ることを決めた。一月二〇日、民主党は党大会を開いて「阻止団体には警察官の導入で対処し、野党が審議をボイコットすれば単独審議も辞さない」との態度を明らかにした。一月三〇日、沖縄経営者協会、琉球商工会議所、琉球工業連合会の三団体が「父母の会」を結成して共闘会議と全面的に対決する姿勢を示した。

浜端議員の民主党入党に次ぐ教公二法阻止闘争の転機は、一月二五日の文社委における強行採決であった。この日、教職員会を中心とする共闘会議の請願団や、ハンストを行っていた教職員会代表と警官隊が対峙する中で、民主党は、野党側議員のいないうちに文社委を開会し、駆けつけた野党議員の怒号の中で教公二法案を一部修正可決して二月一日から始まる定例本会議にこれを送り込んだ。修正可決された案では、勤務評定に関する条項は削除されたが、政治活動の規制は強化されていた。この強行採決までに文社委で審議されていたのは、地方教育区公務員法の約三分の一であり、教育公務員特例法はただの一条も審議されていなかった。

二月一日、沖縄教職員会は、その歴史上初めて、一〇割年休闘争（実質的な全面ストライキ）に踏み切り、共闘会議参加の労組員や学生を合わせて、一万五〇〇〇人が立法院の周辺を埋めた。民主党議員の登院は阻止され、本会議は流会に追い込まれた。共闘会議の方針は、本会議阻止にあったのではなく、教公二法の文社委差し戻しによる慎重審議を与野党議員に話し合わせることにあり、しきりに「冷却期間を置くこと」を主張していた。だが、じりじり追い込まれていた民主党は焦っていた。

二月二三日夕方、民主党は、議院運営委を開いて、翌二四日午前一〇時から本会議を開くことを決定した。これは共闘会議に大量動員の時間的余裕を与えないための戦術であった。民主党は、明らかに物理的衝突を前提とした戦術を立てていた。教職員会は再び一〇割年休を実施し、共闘会議は加盟二一団体に二万人の緊急動員指令を出した。指令が出されたのはすでに午後五時を過ぎていたが、テレビやラジオで事情を知った人びとが、二三日夜から立法院前に集まり始めていた。そこに、組織の指令を待つことなく、自らの意思で、自らの行動を決定する戦後沖縄の大衆運動の伝統が生きていた。

二月二四日早朝、民主党議員団は、徹夜で座り込んでいた約二〇〇〇人のデモ隊を警察力で排除し、院内に入った。しかし、デモ隊の数は続々と増え、議会開会予定時刻には二万人を超えていた。そして本会議開催強行の情報が乱れ飛ぶや、デモ隊は警官隊と激しく衝突を繰り返し、やがて立法院玄関を占拠した。そこで長嶺秋夫立法院議長は、午前一一時過ぎ、本会議の中止を発表した。しかし、立法院を完全に包囲したデモ隊は、教公二法案の廃案を要求して動かなかった。

1967年2月24日，教公二法案廃案を求めて立法院を包囲する人びと(大田昌秀監修『写真集 沖縄戦後史』那覇出版社，1986年刊より).

年休闘争についてさえ強い心理的抵抗感を表明してはばからなかった屋良《やら》朝《ちょう》苗《びょう》を中心とする教職員会上層部や、共闘会議指導部にとって、警官隊を実力で排除するという事態は、想像を絶する問題であったろう。それでも彼らは、「不測の事態を避けるために」ということも強調しながら、民主党に廃案を迫った。

一方、力の対決を選択してそれに失敗した民主党は、デモ隊の重圧をひしひしと感じていた。主席公舎に居た松岡政保によれば(沖縄タイムス社編『沖縄の証言』下)、「民主党の星(克)政調会長と桑江(朝幸)幹事長から「立法院はデモ隊の包囲下にある」という報告をうけていたが、午後三時ごろ「立法院は収拾がつかぬ状態になった。与党議員は院内控室に集まっているが、生命の危険を感じている。ヘリコプターによる救援を米軍に依頼してもらえないか」という切迫した電話がかかってきた」。そこで松岡は、米民政府のワーナー民政官に電話をしたのだが、「民政官は「これはドメスティック・アフェア(内政問題)であり、貴政府自身で解決すべきである」と冷淡に断った」という。松岡は、「ムラムラと怒りがこみあげてきて、わたしはガチャンと電話を切った」と付け加えている。

結局、延々八時間に及ぶ交渉の末、院内与野党の間で実質的な廃案協定が結ばれた。もちろん民主党は、脅迫下の協定不履行をほのめかして悪あがきを続けた。共闘会議に対しては、公務執行妨害などを理由にした大規模な刑事弾圧が加えられた。教職員会の福地曠昭が暴漢に刺されるというテロも発生した。桑江朝幸沖縄民主党幹事長は、三月九日の日本自民党大会において、二月二四日の出来事は、「単なる賛否両派の衝突ではなく、沖縄の野党が本土の革新勢力と結んで、一九七〇年の安保条約破棄闘争のプログラムを実行したものであり、社会主義革命の第一歩である。……自民党政権の支援がなければ、沖縄は第二のベトナム化する」(朝日新聞、六七年三月一一日)と叫んでいた。こうした悪あがきにもかかわらず、二月二四日で勝敗は決していた。

米軍は、ヘリコプターはもちろん、戦車を出動させることもできたが、そうした場合のプラス・マイナスを考慮しなければならない時期に来ていた。ワトソン前高等弁務官は、主席指名実力阻止闘争に対して、その「不法な暴力行為」を激しく非難する特別放送を行ったが、アンガー高等弁務官は、教公二法阻止闘争の実力行使に対して沈黙していた。彼らは、現在のままの形で沖縄支配を続けることだけが米軍基地の機能を維持する唯一の方法か否かを、根本的に再検討しなければならなくなっていた。

事情は、日本政府にとっても同じであった。六七年一月一九日に、佐藤首相が大津市における記者会見で行った「施政権の返還は、教育権だけ分離するよりも一括返還の方が望ましい」という発言にも同じことが言えるだろう。沖縄問題懇談会の検討も進まないうちに出されたこのいわゆる大津発言は、教育権分離返還論に期待を抱いていた人びとを失望させ、問題を振り出しに戻したかのような印象を与えたが、実は、もはや分離返還論などでは対応できないほど事態は進展しつつあったのである。間もなく、一括返還の原型ともいうべき「核付き返還論」が提起される。沖縄問題懇談会は、後追い的に同年七月末、教育財政援助の強化、教育制度の一体化などを答申し、翌八月、沖縄問題等懇談会に衣替えする。

沖縄資料センターの活動

六五年二月から、沖縄タイムスが、毎月一回、「本土紙に見る沖縄問題」という常設欄を設けたことについてはすでに触れたが、実は、「本土紙誌にみる沖縄問題」というコラムは、「沖縄資料ニュース」が定期刊行できるようになった時点(六三年二月、No. 5)

からの常設欄でもある。地方紙を含む全国の新聞の記事を、テーマ別に(たとえば沖縄問題)切り抜いて送ってくれる会社があって、そんなところも情報収集に利用した。ただ、共同配信記事を使うためか、地方紙の中には、ほとんど同じ社説まであった。いずれにせよ、当時から現在に至るまで、一般論的にいえば、本土紙誌の視点と、沖縄側の視点のずれは、形を変えて続いているように思う。

そうはいっても、やはり六五年後半以降のヤマトにおける沖縄への関心度の高まりは、それ以前とは異なるものがあった。沖縄資料センターの利用者や問い合わせも増えてきていた。財政的には、中野さんや中野さんルートで賛助会員になってもらった新聞社や出版社に負うところが大きかったが、一般会員も増えていた。このころの賛助会員には、新潮社、角川書店、河出書房、集英社、講談社、朝日新聞社、エコノミスト編集部などがあった。一般会員は、それこそ多種多様であったが、学生や学生サークルが目立った。学生も沖縄出身が約三分の一、ヤマトの学生が三分の二といったところだったろうか。サークルは、沖縄の学生を含むところが少なくなかったように思うが、ヤマトの学生だけというところも多かった。そのいくつかを列挙すると、東京女子大「沖縄を知る会」、拓殖大学英語研究会、大阪市立大学ジャーナリズム研究会、学習院大東洋文化研究会、東大沖縄研究会、中央大沖縄研究会、都立大沖縄研究会、大東文化大沖縄文化研究会などである。

学生新聞の特集や大学祭でもよく取り上げられていた。われわれが執筆者や講師に引っ張り出されることもあったが、学生独自の調査報告や展示も多かった。そしてそれなりの問題意識の鋭さや現状認識の深まりを示すものも少なくなかった。沖縄資料センターの会員だったかどうかははっきりしないが、法政大学を中心に、大学横断的に組織された東京沖縄学生文化協会という団体があって、この団体が主催して法政大学講堂で講演会を開いたことがある。講師は、星野安三郎(東京学芸大助教授)、中野好夫、牧瀬恒二、新崎盛暉といった顔ぶれだが、約二〇〇名が集まったと六六年一二月六日付の沖縄タイムスは伝えている。一一月の早稲田祭では、沖縄出身学生の沖縄稲門会が、毎日新聞の村松喬《たかし》、新里恵二、それに私を呼んで講演会を開いたが、同じ早稲田祭で、学生土曜会が、森総務長官と軍事評論家・久住忠男の講演会を開いていた。

沖縄資料センターの研究会も定期的に開催されていた。新里恵二を講師とする第五回に続いて、第六回が川崎寛治、第七回が阪中友久、第八回が入江啓四郎、第九回が上沼八郎と、六六年は四回開かれている。川崎寛治は、鹿児島選出の社会党の衆議院議員で、社会党・総評系の沖縄問題に関する窓口であった。質疑では、社会党・総評系の沖縄連と、共産党系の運動団体の不統一をどう克服したらいいのかなどが話題になった。後に、共産党の上田耕一郎を研究会に呼んだこともある。阪中は、朝日新聞の戦後の初代那覇支局長で、私は訪沖時にハーバービュー・クラブ(現ハーバービュー・ホテル)でごちそうになったことがある。当時のハーバービューは、米民政府関係者や沖縄の政財界人が集う閉鎖的クラブで、運動圏の活動家などは、出入りできなかったはずである。この研究会のころの阪中の肩書は、朝日新聞社安全保障問題調査会研究員だったと思う。入江啓四郎は、国際法学者で、南方同胞援護会の季刊誌などで基地・施政権分離論を積極的に展開していた。上沼八郎は、東京女子体育大の教授で、『戦後沖縄教育小史――教育民立法成立の過程』(一九六二年)や、『沖縄教育論――祖国復帰と教育問題』(一九六六年)を南方同胞援護会から出していた。

研究会の会場は、いつも神田の学士会館だった。参加者は、会員中心に三、四〇名だったが、阪中が「ベトナム戦争下の沖縄」をテーマに話した時は、五八名が集まったと記録されている。今にして思えば、やはり当時は、それなりに熱気がある時代だったのであろう。司会はいつも中野好夫さん自身が引き受けていた。沖縄資料センターには、常勤職員として琉大出身の渡慶次《とけし》康子が勤務していたが、六五年夏ごろから屋宜《やぎ》宣仁に代わった。屋宜は、我部政男や比屋根照夫と琉大の同期で、学生会長も経験していた。この時期は、「沖縄資料ニュース」の執筆も分担してもらっていた。

七　「日本戦後史」と「沖縄戦後史」

特集「敗戦二十二年——日本の政治と沖縄の現実」

敗戦を起点とする日本の、あるいは沖縄の歴史が「戦後史」として記述され、語られるようになるのは、いつ頃からだろうか。私の手許に、歴史学研究会編『戦後日本史』(全五巻、青木書店、一九六一—六二年)がある。江口朴郎、遠山茂樹といった著名な歴史学者が編集委員になった全五巻の講座本だが、沖縄に関する記述は皆無といってよい。わずかに巻末の戦後史年表に、「54・1・7　米大統領一般教書で沖縄無期限保持を表明」、「56・6・13　沖縄問題プライス勧告発表」、「56・7・4　沖縄問題解決国民総決起大会」、「56・12・26　沖縄那覇市長に人民党瀬長亀次郎当選」といった項目が散見されるだけである。

『沖縄問題二十年』が出版された翌一九六六年、井上清『戦後日本の歴史』(現代評論社)が出版されている。その中で井上清は、『沖縄問題二十年』について、次のように書いている。

「同書は米軍治下の沖縄問題を正しく理解する上に、私の知るかぎりでは、もっともすぐれた、分量も手ごろな本である。沖縄に関する本書の記述も、これに負う所が多い。」

このころになってようやく、日本の戦後史を記述する歴史学者の視野の中に、沖縄戦後史が入り始めたといえるだろう。

私自身が、言葉として「沖縄戦後史」という用語をはっきりと使い始めるのは、『世界』六七年八月号の「《年表と解説》沖縄戦後史」あたりからではないかと思う。この《年表と解説》の「まえがき」で、その後使うことになる沖縄戦後史を規定する四つの要素とか、教公二法阻止闘争までの時期区分の原型が示されている。この企画は、「まえがき」だけが私の単独執筆で、項目解説と年表作成は、私と、屋宜宣仁、我部政男、比屋根照夫、高橋実の共同執筆で、編集部の担当は小川壽夫《ひさお》だった。小川さんは、私とは社会学科の入れ違いの先輩で、頭の上がらない存在だった。『世界』六七年八月号の特集は、「敗戦二十二年——日本の政治と沖縄の現実」であった。「《年表と解説》沖縄戦後史」もその中の一つだが、特集の中には、公募された「8・15記念原稿」九編もあった。そのころ『世界』は、毎年、「8・15記念原稿」を募集しており、六七年は、一三回目に当たっていた。テーマは、「私と沖縄——戦後史のなかで」。編集部の注記によれば、応募総数七七編、そのうち約三分の一は沖縄からのものであったという。儀間進「二七度線以南からの主張」から下地寛信「祖国とはいったいなんだ」までの入選作の九編のうち八編は、沖縄現地、あるいはヤマトに住むウチナーンチュの原稿であった。また、選外だが「印象深いもの」として挙げられている名前の中には、仲宗根勇、宮城宏光、村上仁賢などがあった。いわゆる選外佳作を含む二十数編を読んだ中野好夫は、せめて二、三編は、「本土日本人」の原稿をとろうとしたが駄目だったという編集部に同意しつつ、「まずもっと沖縄を知れ」と強調している。いずれにせよ、このころからウチナーンチュが積極的に発言し始めたことは明らかである。ただそれでも、あるいはそうなればなるほど、沖縄とヤマトとのギャップは大きく、それが現在に続いているということだろう。

多少余談になるが、『世界』の特集の巻頭論文は、日高六郎「沖縄・戦略体制の中の差別」であった。多分日高さんから声がかかってのことと思うが、久しぶりに東大新聞研の研究室を訪ねて沖縄の現状について説明した。卒業延期、留年をお願いしに行ったあの研究室である。

ともあれ、教公二法阻止闘争を経て、日米両政府が沖縄返還に舵を切り、「核付き返還論」などが提起される時代状況の中で沖縄問題がクローズアップされてくると、私の身辺は、原稿の執筆や講演などで、あわただしさを増してきていた。といっても、必ずしも沖縄問題だけがすべてではなかった。当時評判のアルジェリアとイタリアの合作映画「アルジェの戦い」を見たのは四月頃だっただろうか。五月には、沖縄資料センターの引っ越しがあった。沖縄資料センターが居候していた、自由人権協会や海野法律事務所が入っていた半蔵門交差点の角の竹工堂ビルが取り壊されることになり、道路一つ隔てた平河町の斎藤ビルに引っ越したのである。引っ越し先はビルとはいうものの木造二階建ての二階の一室だった。いずれにせよ、居候から自立したために使えるスペースは広くなったものの、部屋代も自ら負担せざるを得なくなった。

そんな中で、両親との同居で手狭になった稲毛の家の改築騒ぎなども重なって、疲労困憊の状態になっていたのだろう。五月末には、夜中に救急車のお世話になったり、六月には、下痢や嘔吐が続いて一〇日ほど、千葉の病院に入院することになった。激しい胃痛などを伴うこの病気の原因ははっきりしなかったが、膵臓が悪いのではないかというのが結論だった。

少し病状が落ち着くと、病院に資料類をもちこんで、新聞や雑誌を読んだり、締め切りに追われた原稿を書いたりしていた。当時は、総武線はまだ複々線化はしておらず、快速電車などは走っていなかったから、各駅停車で御茶ノ水から千葉・稲毛まで、一時間半ぐらいはかかったのではなかろうか。メールはおろか、FAXもない時代である。原稿やゲラの受け渡しには、編集者が直接足を運んだ。こちらが元気であれば、都心の喫茶店などを利用することができたが、病気ということになるとそうはいかない。実は、先述の《年表と解説》の最終段階の作業も入院中であった。幸い、『世界』編集部の岡本磐男が稲毛に住んでいたので、好都合だった。

『世界』の特集には、「各党の沖縄政策」というインタビュー記事がある。自民党の臼井荘一、社会党の川崎寛治、民社党の永末英一、公明党の黒柳明、共産党の上田耕一郎へのインタビューである。最初の永末英一にインタビューをしたところで私が倒れたため、上田は編集部が、後の三人は、高橋実が代わってくれた。永末にインタビューした時の私の印象は、「意外によく勉強しているな」というものであった。川崎寛治や上田耕一郎とは、すでに旧知の間柄であり、公明党の参議院議員・黒柳明は、議員になる直前まで雑誌『潮』の主幹もしていたはずで、何回か助言を求められたことがあり、『潮』に寄稿したこともある。ついでに言うと、このころ、産経新聞にも寄稿したことがある。

退院後初めて上京したのは、七月になってから、中野さんの急逝したご次男の告別式に行くためであった。飯田橋で電車を降り、月桂寺というお寺に行った後、沖縄資料センターに回った。

『沖縄問題基本資料集』

ちょうどこのころ、南方同胞援護会（略称・南援）から沖縄資料センターが依嘱を受けた『沖縄問題基本資料集』の編纂作業も始まっていた。今私の手許に、南方同胞援護会会長・大浜信泉《のぶもと》と沖縄資料センター代表委員・中野好夫の間で締結する「契約書(案)」の青焼きコピーがある。それによると資料集編集のための費用として、南援から、四六万円が支払われることになっていた。私としては、資料センターの運営資金稼ぎにもなるのではないかという思いもあったのだが、結局は、コピー代と、屋宜・我部・比屋根君らのアルバイト代に消えた。

もう一つ、「沖縄問題基本資料集前史」と題する、私が書いた文章の下書きが残っている。長い間、この文章が何のために書かれ、どこに収録されたものか思い出せなかったが、本書の原稿を書いているとき、『回想　吉田嗣延《しえん》』(吉田嗣延追悼文集刊行委員会編集本部編、一九九〇年)に収録されていることを発見した。第四章に書いたことと多少ダブるところがあるが、短いので、全文を紹介しておこう。(付け加えておくと、この追悼文集に、我部政男も、『沖縄問題基本資料集』について書いている。)

「一九六〇年代の初めごろ、ぼくたちは、沖縄問題研究会という小さな研究会活動を続けていた。メンバーは、霜多正次、国場幸太郎、新里恵二、古波倉正偉、岡本恵徳、新里《あらざと》金福の各氏、それにぼく。異色のヤマトゥンチューとして現在でも演劇活動を続けている岩間宏文さんがいた。沖縄資料センターの月例会とつかず離れずの研究会で、資料センターの月例会が一般市民を対象に、公開性と啓蒙性に比重を置いていたとすれば、沖縄問題研究会は、やや専門性を重視し、そのぶん閉鎖的だったかもしれない。岩間さんは資料センター例会の常連だったことから沖縄問題研究会にも顔を出すようになったはずである。

この研究会の帰りの飲み屋での話からだっただろうか、基本的な資料集をまとめる必要がある、ということになり、国場さんと新里(恵二)さんとぼくの三人が、それを担当することになった。

まだ、一般の出版社が沖縄問題の資料集を出してくれるような時代ではなかった。どうするか、そのとき「吉田嗣延ならこうした仕事に理解を示してくれるに違いない」と新里さんが言った。それなら〝善は急げだ〟ということになり、新里さんとぼくが吉田宅を訪ねることになった。一九六三年一月一日か二日のことである。

新里さんが吉田宅の見当はついているというので、玉電の松陰神社前あたりまでは行ったのだが、家はなかなか見つからない。とある路地を曲がると、向うに「日の丸」が見える。「あっ、あれが吉田嗣延の家に違いない」。行ってみると、確かに吉田宅であった。「日の丸」が復帰運動のシンボルだった時代の話である。

それからどんな話が交わされたか、肝心なことはよく覚えていないのだが、吉田がこの企画に好意的で、できるだけのことをしてみようと約束してくれたことは間違いないと思う。いずれにせよこのときが、ぼくと吉田嗣延との、そして現在ぼくの女房である吉田恵子との最初の出会いであった。吉田嗣延のぼくに対する第一印象が、「おそろしく行儀の悪い男だなあ」というものであったという話を聞いたのは、ずいぶん後のことである。

それからしばらくして、新里さんとぼくは、南援に吉田を再訪した。いろいろ努力してみたが資料集の刊行を援助することは難しいというのが結論だった。帰りがけに吉田は、当時出版されたばかりの岩波新書『沖縄』(比嘉春潮・霜多正次・新里恵二共著)のお祝いだと言って、新里さんに千円を手渡した。

その帰り道、二人で喫茶店に入ったとき、新里さんは、その千円札を五百円札二枚にくずして、その一枚を「これはあなたの分」とぼくにくれた。「新里さんたちの本のお祝いをどうしてぼくが貰うのですか」というぼくの疑問に対して新里さんは、「あれは名目で、君たちの期待にそえなくてすまない、今後とも頑張れ、という意味なんだ」と解説した。

沖縄問題基本資料集編纂事業が陽の目を見るのは、それから四年近く後のことである。」

これは、私の立場から見た〝前史〟である。しかし、政府の外郭団体とでもいうべき地位にある南方同胞援護会としては、進歩的文化人の代表格ともいえる中野好夫が主導する沖縄資料センターに資料集の編集を依嘱すること自体、かなり思い切った判断だったのだろう。この年四月、東京都知事選挙で、社会党や共産党の推薦する美濃部亮吉が当選するが、彼を支持する市民団体「明るい革新都政をつくる会」の中心人物の一人は、中野好夫であった。私も、何回か、中野さんとの連絡場所である「明るい革新都政をつくる会」の事務所を訪ねたことがある。

翌六八年一一月に刊行された『沖縄問題基本資料集』(南方同胞援護会)の「はしがき」には、次のように書かれている。

「なにしろ沖縄問題は、……国際、国内関係の資料が膨大に及んでいるため、これを細大もらさず綿密に収集するためには、本会編集関係の少数のスタッフだけでは力に余る難事業であると考えられた。そこで資料の収集については日頃からこの種の仕事に従事している「沖縄資料センター」に依嘱し、最後の整理・編集を本会が担当した。従って、この基本資料集の編著者としての最終的責任は、当然本会が負うべきものである。とくに編集の基本方針としては、根本的な資料に重点をおき、しかも一行の解説も加えず、これを生《なま》のまま読者に提供することにした。この点、この資料集を利用する方々の不便を考えないわけではなかったが、編集委員会では、編集者として主観的偏向を避けるためには、これが最も公正妥当な方法であるとの結論に達したからである。」(傍点引用者)

集めた資料は便宜的に「沖縄の地位」「アメリカの沖縄統治」「日本本土の沖縄施策」

「沖縄の推移」の四項目に大別した。「沖縄の地位」には、対日平和条約、日米共同声明などのほか、「対日平和条約米英草案およびサン・フランシスコ会議に関する周恩来声明」なども収録した。「アメリカの沖縄統治」には、米大統領行政命令や一般教書、予算教書の関連部分、布令・布告・指令などのほか、移送裁判の判決文も収録されている。「日本本土の沖縄施策」には、日本政府の沖縄関連法令のほか、国会決議、各政党の沖縄返還公約、沖縄違憲訴訟の訴状や国側答弁書などが収録されている。「沖縄の推移」には、群島議会の論議や立法院決議、各政党の方針から、復帰協、教職員会などの方針、日本道路会社争議団アピールまでが収録されている。南方同胞援護会と提携したために、とくに日本政府の関係資料に細かい目配りができた。いずれにせよ一三〇〇ページに及ぶこの資料集は、本格的な戦後沖縄に関する資料集としては最初のものだろう。われわれ自身のその後のさまざまな活動の基礎資料にもなった。だが私たちはそれで満足していたわけではなかった。基本資料集がいわば静的な資料集だとすれば、戦後史の動的展開を資料自体で浮き彫りにできるような資料集をまとめてみたいと思い始めていた。その機会は、思ったより早くやって来た。基本資料集の編纂作業がまだ終わらない六八年早々、日本評論社から沖縄問題を理解するための資料集をまとめないかという声がかかったのである。

転機としての六七年

一九六七年は政治の動きだけでなく、文化的にも、沖縄にとって特筆すべき年であった。七月二一日、大城立裕《おおしろたつひろ》の「カクテル・パーティー」が芥川賞を受賞したのである。八月一〇日、東京でも大城立裕の激励会が開かれることになった。激励会の当日、私は大急ぎで『新沖縄文学』に載った「カクテル・パーティー」を読んで、日記に次のように記している。

「確かに受賞の価値があると思った。

第一に、叙述に無駄がなく、一気に読ませるものを持っている。

第二に、現実との間にはっきりとした緊張感を持っており、抑制のきいた筆で、表面的繁栄(本土でいえば高度経済成長)下の支配と抵抗の実態を描き出している。

非常に論理的な構成で骨組みがしっかりしており、われわれが書く数十の論文やルポに匹敵する現実的効果も期待しうる作品である。」

一つの社会が活気づくのは、さまざまな要因が相互に刺激し合うのだろう。政治的高揚期は、文化的活動も活発にするのかもしれない。

読み終わって激励会に行くと、島尾敏雄、大江健三郎、村松喬、藤島宇内《うだい》(詩人・評論家)から、大田政作(元琉球政府主席)、仲宗根美樹(歌手)といった人たちまでが集まっていた。

秋になると、政治情勢はますます緊迫化していった。一一月の日米首脳会談の条件整備のため、佐藤首相が南ベトナムを含む東南アジア歴訪を始めようとしていたからである。

一〇月八日は日曜日だったので、家で薪を割ったり風呂を沸かしたりしていると、高橋実から突然電話がかかってきて、羽田で学生が一人死んだと伝えてきた。首相の東南アジア歴訪を阻止しようとする、いわゆる三派全学連の抗議行動と機動隊の激突の渦中の出来事であった。さっそくマスメディアには、良識ある文化人の全学連批判、暴力批判が並んだ。だが、一方では、少数ではあるが、機動隊のすさまじい暴力を生々しく伝えるテレビもあったし、学生の行動に完全には同調しないものの強いシンパシーを示す論評もあった。当時の時代状況を想い起こすために付け加えておくと、この年七月には、アメリカのデトロイト市で、史上最大といわれる黒人暴動が起きていた。ベトナム戦争を焦点とする政治的社会的経済的矛盾は世界中で吹き出していた。東南アジア歴訪の途中、南ベトナムのサイゴン(現ホーチミン市)で記者会見した佐藤首相は、「東南アジア歴訪は、沖縄・小笠原問題によい結果をもたらすと思う」と述べていた。

一〇月一七日には、日比谷公園で、山崎博昭追悼中央葬があった。いわゆる第一次羽田事件で犠牲になった学生の追悼集会である。この日を例に、その頃の私の一日を描き出してみよう。

朝、稲毛の家を出て医者に寄り、葛飾税務事務所に監査へ。終わってから御茶ノ水に出て十字屋という喫茶店で早稲田の学生と文化祭の講演について打ち合わせ。六時ごろから全電通労働会館であった「沖縄全面返還を要求する青年決起集会」で短い話をする。そこで社会党の岡田宗司参議院議員などに会っているから、日本社会主義青年同盟(社青同)系の集会だったのだろう。カレーライスを掻き込んでから、土砂降りの雨の中をタクシーを飛ばして日比谷公園へ。公園の入り口から野外音楽堂に入るまで、機動隊の人垣を抜けるようにして歩く。野外音楽堂には、約五〇〇〇人から七〇〇〇人ぐらいの学生が集まっていた。一般市民も少しはいただろうか。一一時過ぎ、疲れ果てて帰宅。しかし、羽田で犠牲になった学生の葬儀に出るぐらいは、一般市民としても当然の義務である、というのが当時の私の受け止め方であった。

こんな騒ぎの中で一〇月二六日に長男が生まれた。出産は御茶ノ水の順天堂医院で、私はその周辺に居たはずだが、病院に行ったときは面会時間が過ぎていて会うことはできなかった。同じことを二、三日繰り返し、二九日の日曜日にようやく対面がかなった。

一一月九日、日比谷野外音楽堂で、沖縄の復帰協、社会党・総評系の沖縄連、共産党系の沖実委三者共催による「沖縄・小笠原の即時・無条件、全面返還を要求する中央集会」が開かれた。一一月二日に那覇で開かれた一〇万人県民大会に呼応するもので、佐藤訪米に対する抗議集会だったのだが、会場に入り込んでいた反代々木系(日共)全学連への対応をめぐって事実上の流会になった。「小指の痛みは全身の痛み」といった喜屋武真栄復帰協会長の情緒的訴えが、学生たちから「ナンセンス」とヤジられる時代にはなっていたのだが、できもしない彼らの排除にこだわる必要もあるまいというのが私たちの感覚だったけれども、沖実委にはそうはいかなかったようだ。

佐藤首相が訪米に出発した一一月一二日、羽田空港周辺では、各所で学生のデモと機動隊が激突した。一五日、ワシントンで日米共同声明が発表された。共同声明では、まずジョンソン米大統領と佐藤首相が、「アジア諸国が中共からの脅威に影響されないような状況を作ることが重要である」という基本的認識を共有していることを明らかにした。そのことを踏まえて、アメリカのベトナム政策に対する日本の支持表明、日米安保条約堅持という方針及び在沖縄米軍基地の日米双方にとっての重要性の再確認、日本による東南アジア援助拡大の意思表示などを前提として、沖縄の施政権を日本に返還することが決まった。その上で佐藤首相は、「ここ両三年内に双方の満足しうる返還の時期につき合意すべき」ことを強調した(小笠原については、一年以内の返還が決まり六八年六月に返還された)。

一九六〇年の改定安保、すなわち現行安保条約では、固定期限は一〇年とされている。それ以後は、どちらか一方が条約終了を通告すれば、一年後には条約は終了することになっている。六〇年代には、固定期限が切れた後、五〇年以上も安保条約がだらだらと自動延長されるなどということは、誰も想定していなかっただろう。とりわけ、政治の現状を根本的に変革しようと考える者は誰でも、条約の固定期限が切れる七〇年を時代の節目と考えていたはずだ。私もまたその一人であった。私が六六年七月八日から二三日にかけて、一三回にわたって沖縄タイムスに「七〇年復帰への構想」を連載したのもそのためであった。安保体制の中心環をなす沖縄問題を撃つことなく終わった六〇年安保闘争の体験を踏まえ、先手を打つ戦略・戦術を提起したつもりであった。

一九七〇年をどう超えるかは、権力者の側にとっても大きな課題であった。「核付き返還論」の提起は、そのためのアドバルーンであった。「核付き返還論」は、はじめ沖縄返還の困難性を強調するかのようなニュアンスを持っていたが、教公二法阻止闘争などを経て、沖縄基地の現状容認こそが返還に近づく現実的方法であるかのようにすり替えられていった。「核付き返還論」の賛否を軸にさまざまな沖縄返還論議が展開される中で日米交渉が進むのをにらみながら私が書いたのが「沖縄返還論の現実と運動の論理」*(『世界』六七年一一月号)である。

その冒頭で私は

「沖縄返還運動、あるいは祖国復帰運動は、アメリカによる沖縄支配の不当性を糾弾するところから出発する。沖縄の返還、祖国復帰の要求は、不当な支配の排除要求であり、それ以外ではありえない。……不当な支配は、即時、無条件に排除されなければならない。何らかの条件をつけることは、不当性の追及を弱め、支配者に部分的正当性を付与することになるからである。」

と書き起こし、次のように結んでいる。

「沖縄返還(復帰)の方法には、アメリカの沖縄支配を正当化したうえで、日本政府の権限をできるだけ沖縄にも及ぼすという方法と、不当性の追及を原理として、奪われた権利を回復するという方法の二つがあるだけなのである。」

日米共同声明は、そのことを見事に証明してくれた。安保条約には触れることなく、沖縄返還を軸に日米軍事同盟を再編強化する第一歩が踏み出されたのである。だがそのことは、左派・革新勢力の間でも、ただちに共通認識になったわけではない。「両三年内に返還の時期を決めたいと希望しているのは、日本の首相であって、アメリカ側が同意しているわけではない」とか、「両三年内に決まる返還の時期が、一〇〇年後ということもありうる」といった惰性的思考はなお根強かった。

『世界』一一月号に引き続き、それを補完する形で、沖縄返還論議が持つ問題性を批判しようと試みたのが『現代の眼』一二月号に書いた「沖縄返還論の感性と陥穽《かんせい》*」である。

多少わき道にそれることになるが、当時の資料を読み返していて反射的に思い浮かぶのは、「辺野古《へのこ》移設ができなければ普天間固定化」という欺瞞的論理である。五〇年近くになろうとするのに、同じ論理とその論理に支えられた政策が繰り返されている。しかし、その論理がそうやすやすとは通じなくなっているところに、われわれは、民衆の歴史的体験の蓄積を見るべきだろう。

この時期の沖縄論議と論者

この時期には、実に多くの沖縄問題に関する講演会やシンポジウム、ティーチインなどが行われた。佐藤訪米前後は、大学の文化祭の時期でもあったため、多くのシンポジウムやその準備のための勉強会が行われた。その中には、さまざまなセクト色を持つ学生たちのグループもあったが、沖縄からの国費、自費の「留学生」たちが主導権をとるグループも目立ち始めていた。そんな企画の中で、もっとも規模が大きく多面的だったものの一つが、国民文化会議の企画したシンポジウムだっただろう。国民文化会議は、日高六郎さんが代表格で、東大社会学科同期の大澤真一郎が事務局の中心メンバーだったこともあって、私も、企画当初の段階から相談を受け、いろいろ協力した記憶がある。その記録が、木下順二・日高六郎・田港《たみなと》朝昭ほか『シンポジウム沖縄　引き裂かれた民族の課題』(三省堂新書、一九六八年)という本になっている。日高さんが書いている「あとがき」によれば、佐藤訪米を間に挟む、一九六七年一一月八・一二・一六日に三つの分科会、二五日に公開シンポジウムが行われ、その討論時間は、約二〇時間に達したが、この本は、その約三分の一を収録している、という。巻末には、討論参加者として、アイウエオ順に次の名前が列挙されている。

新崎盛暉、石田郁夫(ルポルタージュ作家)、大澤真一郎、岡村昭彦(『南ヴェトナム戦争従軍記』の著者)、儀同保、木下順二、小中陽太郎(作家)、島袋浩(琉球新報記者)、霜多正次、新里恵二、鈴木正次(原水禁総務部長)、高橋実、田島瑞泰(日本山妙法寺僧侶)、田港朝昭(琉大助教授)、中村ひろし(記者)、日高六郎、福島新吾(専修大教授)、藤島宇内、藤田秀雄(立正大学助教授)、星野安三郎、牧瀬恒二、宮崎繁樹(明治大学教授)、森田俊男(国民教育研究所長)、由井晶子。

報告のテーマと報告者は、「返還論と返還運動について」(新崎盛暉、牧瀬恒二)、「学問・教育・文化の領域での沖縄問題」(森田俊男)、「沖縄の経済をどうみるか」(高橋実)、「沖縄と本土を結ぶもの——人間解放と民族意識」(木下順二)となっている。

この時期にはテレビも一定の役割を果たした。私がテレビの解説番組や討論番組に出るようになったのもこのころからである。この時期、沖縄をテーマにして話題になったのは、佐藤訪米が具体的日程にのぼってきた八月一〇日、日本テレビで放送された「我ら日本人 沖縄一八歳の発言」である。

具志川市(現うるま市)の前原高校のホームルームにおける、農家や基地労働者の子弟である生徒たちの基地と施政権返還をめぐる真剣な議論は、テレビのプロデューサーのお座なりの演出では決して表現できない迫力を持っており、大きな衝撃力があった。この番組は、六七年内に四度も再放送され、討論のテープ(当時は、音声だけのテープではなかったかと記憶するのだが……)は、多くの大学や高校の集会や学園祭の資料として使われた。

この番組は、六二年一月から六八年三月(中断された時期もある)まで、週一回放送された「ノンフィクション劇場」というドキュメンタリー番組の一つである。

このシリーズで私に強烈な印象を与えたのは、六三年に放映された「忘れられた皇軍」である。私たちは、子どものころから、電車の中や繁華街の街角で、募金箱を持ってアコーディオンを奏でている、義足や義手の、あるいは真っ黒いサングラスをかけた盲目の傷痍《しょうい》軍人の姿を目にしてきた。戦争に負けたら、日本という国家は、傷痍軍人も街中に放り出すのだろうかと怒りを感じながら、右翼少年だった私は、何回か、小銭を募金箱に投じたことがあった。その傷痍軍人たちの多くが、朝鮮人であることを知ったのは、大島渚制作のこの「忘れられた皇軍」によってであった。

日本人として戦場に駆り出された彼らは、戦後は勝手に国籍を奪われ、軍人恩給が復活したり、戦傷病者戦没者遺族等援護法が制定された対日平和条約発効後も、国籍条項によって、援護対象から外されていたのである。二〇一三年に傷痍軍人会が高齢化のため解散するという出来事があったためか、半世紀ぶりの二〇一四年に日本テレビは「忘れられた皇軍」を再放送したようだが、沖縄では見ることができなかった。

告発的トーンの番組が多かった「ノンフィクション劇場」は、さまざまな政治的圧力もあったらしく六八年三月には姿を消すが、「沖縄一八歳の証言」はテレビ局の記憶にも残るものだったらしく、討論参加者の成長過程を追って節目の年に何回か新しい番組を作っている。二〇一三年にも、復帰四〇周年ということで、「沖縄・四三年目のクラス会――変わらぬ怒りと苛立ち」を制作・放送しているが、かつての迫力はない。前原高校については、いずれまた触れることがあるだろう。

この時期には、中野好夫編『沖縄問題を考える』(太平出版社、一九六八年)の編集作業も進んでいた。朝日新聞社が翌六八年四月に東京・日本橋の三越デパートで開く予定の「これが沖縄だ」展の企画やカタログ作成にもかかわっていた。現代評論社から、「沖縄返還と七〇年安保」といった本を出さないか、という誘いも受けていた。沖縄をめぐる政治情勢の急展開で、私の身辺もあわただしさを増していた。

さて、一二月、私は沖縄に居た。何が主要な目的だったか記憶にないが、一二月二六日の沖縄タイムスに、沖縄復帰問題研究会の政治・安保部会に、来島中の私も出席していた、という記事がある。復帰問題研究会というのは、東京で、首相の諮問機関として沖縄問題等懇談会が発足したのと軌を一にして発足した団体である。「不偏不党の中立的立場に立ち、法律、政治、経済、社会、安全保障その他の重要な側面から復帰問題に

嘉手納基地を発信するB52(1968年3月)(大田昌秀監修『写真集沖縄戦後史』那覇出版社，1986年刊より).

ついて客観的な調査研究を行ない、問題の解明に役立つ基礎的な資料を県民に提供することを目的」としていた。「本研究会の運営並びに活動する諸経費は政府の補助金及び一般の寄付金を以ってこれにあてる」とあるから、琉球政府の後ろ盾があったのだろう。法律、政治、経済、社会、安全保障の五つの委員会があった。私が顔を出したのは、政治・安保合同委員会と、衛藤瀋吉東大教授の懇談の場だったようだ。屋良朝苗や喜屋武真栄も復帰問題研究会に名を連ねており、私もこの研究会の報告書に短い文章を寄稿しているが、東京サイドでこの会と密接な関係を持っていたのは、大浜信泉、末次一郎(南方同胞援護会評議員)、若泉敬(京都産業大教授)、高坂正堯《こうさかまさたか》(京都大助教授)、久住忠男(軍事評論家)といった人たちだったようだ。

沖縄を訪問したとき必ず会う常連で、まだ触れていない一人に仲宗根《なかそね》悟《さとる》・復帰協事務局長がいた。彼は、私より一〇歳ほど年長で、一九五〇年代初めの青年団活動の時代から復帰運動の担い手だった。彼に誘われて、酒も飲めないのに桜坂の飲み屋に行って、当時の臭いのきつい泡盛のコーラ割(コークハイと言ったと思う)を舐めながら話をした。彼は私の書いたものをよく読んでくれていて、話が合う点も多かった。私も彼の話から、当事者でないとよく見えない運動の動向などを知ることができた。

明ければ一九六八年。一月二三日には、プエブロ号事件が起きた。米海軍情報収集艦プエブロ号が北朝鮮領海で北朝鮮警備艇に拿捕《だほ》されたのである。一月三〇日、南ベトナム全土で、南ベトナム解放民族戦線軍と北ベトナム軍による大攻勢が開始された。旧正月を期したいわゆるテト攻勢である。サイゴンの米大使館も一時占拠された。一月三一日、ジョンソン米大統領は、大統領行政命令を改正して、主席公選を認めると発表した。二月五日以降、嘉手納基地へのＢ52戦略爆撃機の常駐化が始まった。

八　激動の一九六八―六九年――三大選挙から二・四ゼネストへ

主席選挙をめぐって

プエブロ号事件やテト攻勢が世界の耳目を引きつけた一九六八年は、沖縄では、次期主席選挙から公選を認めるという発表と、事実上この発表とセットになったB52の沖縄への常駐化によって始まった。ジョンソン米大統領が「琉球列島の管理に関する行政命令」の一部を改正し、主席公選を認めたのが一月三一日、B52が嘉手納に飛来し、そのまま居座ってベトナム攻撃に飛び立つようになるのは二月五日のことである。四日後の二月九日、沖縄県原水協は、嘉手納基地のゲート前で、武装した警備兵と対峙しつつ、「B52退去要求抗議県民大会」を開いた。前年(六七年)一一月の日米首脳会談が、沖縄返還の方向性を明らかにして以来、沖縄の闘いもまた、素朴ナショナリズムからの脱却と反基地反戦闘争の方向への質的転換を明確にし始めていた。全軍労が、結成以来初の一〇割年休闘争(実質的二四時間ストライキ)を実施したのも、この年四月二四日のことである。

主席選挙に対する保革の対応も早かった。沖縄自民党(六七年一二月、民主党から改称)は、三月五日には、西銘《にしめ》順治那覇市長を主席候補に決定し、一カ月遅れて、四月三日には、屋良朝苗沖縄教職員会会長が主席選挙への出馬を決定していた。一一月に予定されていた主席選挙は、第八回立法院選挙と同時に実施されることになり、西銘那覇市長の後任を選ぶ那覇市長選挙と合わせて三大選挙と呼ばれた。沖縄の闘いは、B52撤去から三大選挙へとその比重を移しつつあった。

当時、一九六〇年代から七〇年代にかけての日本では、地方自治体の革新化、革新首長の登場が一つの政治的潮流になっていた。二八年にわたって革新知事の地位を占めていた蜷川虎三《にながわとらぞう》京都府知事は別格として、六三年の飛鳥田《あすかた》一雄《いちお》横浜市長の登場後、相次いで革新首長が誕生していた。六七年の美濃部亮吉東京都知事、七五年の長洲《ながす》一二《かずじ》神奈川県知事の登場などもそのような流れの中に位置づけられるだろう。沖縄の主席選挙もそうした政治的雰囲気と関連付けて見られていた面もある。すでに四月二〇日には、東京の都市センターホールで、「屋良朝苗氏を励ます会」が開かれていた。どこが主催したかははっきりした記憶はないが、多分、「明るい革新都政をつくる会」の周辺がその母体になったのだろう。励ます会の数日前、私は、上京してきていた屋良朝苗にインタビューをしている(「戦後沖縄の教育——私の歩んだ道」『世界』六八年六月号)。このときは、戦後沖縄の教育の実情、その中で沖縄教職員会や屋良朝苗が果たした役割を紹介することに重点をおいた。この年には、屋良朝苗編著『沖縄教職員会十六年』(労働旬報社)が出ているが、これも主席選挙がらみであった。主席候補としてのインタビューは、八月に沖縄でやった(「両主席候補に聞く」『世界』六八年一〇月号)。このときは、西銘順治と二人に同形式のインタビューを行う予定だったのだが、離島に行っていた西銘順治が、帰路時《し》化《け》にあって実現せず、書面での質問に対する西銘の回答が同時掲載されている。

選挙に絡むエピソードをもう一つ。この年の秋口になって、美濃部東京都知事が、沖縄に行くことになった。多分主席選挙の応援のためだっただろう。知事秘書室は、さっそく中野さんに、沖縄に関するレクチャーを依頼する電話をかけた。中野さんの答えは、「君たちのところには、新崎君がいるだろう」というものであった。知事秘書室には、すぐに新崎君という名前に思い当たる職員は一人もいなかった。何しろ、都庁の職員は、さまざまな業種を合わせれば、一〇万人はいただろう。その頃、都庁の通勤路の有楽町のガード下には、沖縄に関する集会のポスターが頻繁に貼り出されていた。その中には、「講師新崎盛暉」と記載されているものもあったが、そんなものに気付く人は、ごく限られていた。秘書室での鳩首協議の最中、監査事務局から異動してきていた職員の一人が、そういえば、監査事務局に、勤務状態芳しからざる変な職員が一人いたことを思い出したらしい。何しろ監査事務局自体、庶務課を含めれば、六つの課があり、一〇〇人近い職員がいたのである。こうして私は、知事室に呼び出され、美濃部知事に、「沖縄の現状と課題」について御進講申し上げることになった。何を話したかは、記憶にない。

『戦後資料 沖縄』と駿台荘

六八年の沖縄は、三大選挙に湧き、私もまたそこに巻き込まれることもあったが、私としての主要な仕事は、別のところにあった。一つは、この年から琉球新報が毎月「論壇時評」欄を設けることになり、私が担当者のトップバッターを依頼されたからである。かなり大変そうな気がして躊躇したのだが、琉球新報の石野朝季《ともすえ》東京支社編集部長に押し切られた形であった。

もう一つは、前回も触れておいたが、中野好夫編『戦後資料 沖縄』(日本評論社、一九六九年)として発行されることになる資料集をまとめることである。声をかけてきたのは、日本評論社の山縣淳男である。山縣淳男は、後に知ることになるのだが、久坂文夫というペンネームを持つ労働運動圏の論客の一人で、「沖縄返還と日本人民の課題」(『マルクス主義』第二号、一九六八年)などという論文を書いていた。山縣さんは、確か私と同年で、問題意識も近く、話が合った。資料集の作成メンバーには、新たに高橋実、新里恵二の二人に加わってもらうことになった。このころになると、私と新里さんの間には、沖縄をめぐる情勢分析や復帰・返還運動の評価などでかなり認識の差は出てきていたが、そのことで資料集作成に支障が出るとは思えなかった。とくに戦後初期の事情については、私よりも新里さんの方が詳しいように思われた。六月に、山縣、新崎、新里、高橋、我部政男、比屋根照夫、屋宜宣仁で顔合わせをし、七月に駿台荘で金・土・日曜と二泊三日の合宿をして資料集編纂の作業がスタートした。スタートがかなり遅れたのは、私が中野好夫編『沖縄問題を考える』の作業などを抱えていて手が回らなかったのも一因である。

この本の企画を持ち込んだ太平出版社は、在日朝鮮人の崔容徳が経営する出版社で、当時、軍政下の韓国の少年の生活を描いた『ユンボギの日記』を出版して注目されていた。『沖縄問題を考える』の執筆者を五〇音順に並べると、新崎盛暉、石田郁夫、井上清、木村禧八郎《きはちろう》、霜多正次、新里恵二、高橋実、中野好夫、星野安三郎、宮崎繁樹、宮里政玄、森田俊男となっている。文献案内、二・一決議などの資料、年表から、沖縄戦略地図までを付けていた。私の手許に残っている本は、一〇月三〇日付の第四刷だが、第一刷は七月一〇日とある。あのころは、こんな本がそんなに売れたのだろうか。崔さんは、私が付き合った多分最初の朝鮮人であった。

付け加えておくと、この年六月八日から三日間、沖縄についての理解を深めることを主目的とする科学者京都会議の勉強会が、東京の都市センターで開かれた。報告者は、直接沖縄に関しては、中野好夫、大田昌秀、永積安明の三人であった。大田昌秀は、こ

駿台荘前にて『戦後資料 沖縄』の作成メンバーと．右から比屋根，著者，新里，高橋，屋宜の諸氏(写っていない我部政男による撮影か)．

の年に、琉球大学のサバティカルで東大新聞研に来ていたのではないかと思う。私は、中野さんの指示で同席させられていた。というのも中野さんは、この勉強会に大変熱を入れて、あらかじめ事務局に沖縄戦後史年表や関連条約、布告・布令などの資料を作成・配布させていたので、細かい質疑等の場合の答弁要員のつもりだったのだろう。だが、参加者の理解度からいって、その必要はなかったようだ(この勉強会の記録は、『世界』六八年八月号に載っている)。

さて、『戦後資料 沖縄』の作業がスタートした駿台荘に話を戻そう。駿台荘は、御茶ノ水と水道橋の中間、神田三崎町の方に下っていく急な斜面に沿って建てられた七階建ての木造の旅館で、さまざまな出版社が作家を缶詰にして原稿を執筆させる場所として知られていた。六〇年代末は、私たちもよく利用した。アットホームな感じの、利用しやすい仕事場だった。とくに私にとっては、文京福祉事務所時代から馴染みの後楽園の眼科医院にも近かったし、岩波書店や学士会館など神田神保町界隈は歩いて行けたし、タクシーを利用すれば監査事務局もすぐだった。御茶ノ水は、総武線の始発駅でもあった。全線開通している地下鉄は銀座線と丸ノ内線しかなく、都心は路面電車の都電が網の目のように走っていたが、そろそろバスに取って代わられようとしていた時代である。

駿台荘の合宿で、資料集の構成に関して、とりあえずの共通認識ができた。私が『世界』六七年八月号の「《年表と解説》沖縄戦後史」で提起してあった沖縄戦後史の時期区分に沿って、各時期に担当者を決め、各時期の特色を明らかにするように資料を編成し、担当者がそれぞれの時期について解説を加える、というものであった。ただ、各時期を分担態勢にしたため、作業の進捗状況に差が出たり、内容的な調整も必要になって、総括責任者的位置にいた私の負担も大きくなったし、日本評論社の経費負担も想定外になったはずだ。全員での合宿はこのときだけだと記憶するが、我部君や比屋根君と私の一、三人の合宿作業は、何回もあったように思う。『戦後資料　沖縄』は、予定よりかなり遅れて、六九年末に刊行された。時期的には、六八年四月の全軍労闘争までの資料が収録されている。

なお、沖縄問題に関する資料集としては、『沖縄問題基本資料集』と、『戦後資料　沖縄』の間に、岡倉古志郎・牧瀬恒二編『資料　沖縄問題』(労働旬報社、一九六九年)がある。

その「はしがき」にはわざわざ次のように書かれている。「『沖縄問題』についてはこのような資料はほとんどなく、わずかに政府の外郭団体・南方同胞援護会編『沖縄問題基本資料集』があるぐらいで、しかも、それは刊行主体の性格からいっても「安保＝沖縄問題」として沖縄返還運動という立場からとらえたものではない」。だが、『資料 沖縄問題』の構成も、収録資料も、『沖縄問題基本資料集』を超えるものではない。

早大学生ティーチインと〝興南旋風〟

吉原公一郎編著『沖縄 本土復帰の幻想』(三一新書、一九六八年)という本がある。Ⅲ部に分かれていて、Ⅰ部は、いれい・たかしの「沖縄から透視される「祖国」」という文章と、伊礼孝・川満信一・中里友豪・真栄城啓介・嶺井政和の討論「沖縄にとって「本土」とは何か」からなる。ただ司会者が——編集者のようでもあるが——誰か不明である。Ⅱ部は、早稲田大学沖縄学生会のティーチイン「復帰運動の新たな展開のために」の記録である。Ⅲ部は、吉原公一郎の「沖縄の思想 告発の原点」という文章である。吉原の書いた「あとがき」を読んでも、この本がなぜこういう構成になっているのかはわからない。

しかし、Ⅱ部に関しては、早大沖縄学生会による「附記」がついていて、これが、彼らが主催したティーチイン「いま何をなすべきか——復帰運動の新たなる展開を期して」の記録の一部であることがわかる。多分、このグループのリーダーだった岸本建男が書いたものだろう。後に名護市長になる岸本建男は、このころ、早稲田の大学院生だった。ティーチインは、六八年八月一一日午後一時から深夜の午前二時まで、那覇・泉崎(当時)の琉球新報ホールで、約六〇〇名の参加者を集めて行われた。報告者は、新盛暉、田港朝昭、田港朝尚(名護高校教諭)、滝沢信彦(早大大学院生)の四人である。つまり私は、彼らのティーチインへの参加を依頼されて、この時沖縄にいたのである。前日の八月一〇日には、中野好夫を講師とする琉球新報の文化講演会があった。当然そのことも私の念頭にはあっての旅程だったはずだ。五六年以来、四回にわたって渡航申請を拒否されてきた中野さんにも、渡航許可が下りる時代になっていたのである。『世界』の編集部も、緑川亨《みどりかわとおる》編集長以下、大挙して沖縄に来ていた。このとき小川壽夫は、すでに『世界』から新書の編集部へ移っていた。『世界』は、一〇月号で、「沖縄からの問題提起を中心に据えた特集」を企画していた。琉球新報の中野さんの講演記録も、その特集の巻頭に載っている。

四〇年も後に、吉原公一郎編著のこの本を話題にした文章がある。目取真俊《めどるましゅん》が毎月一回、琉球新報に連載していた「風流無談」(二〇〇七年六月二日)がそれである。彼は、「復帰」後六年ほど経った高校時代にこの本を学校の図書館から借り出して読んだという。「そのあと大学時代に一部読み返したことはあったが、今年(〇七年)の五・一五(沖縄復帰記念日)を前に二十数年ぶりに再読した」という。そして、ティーチインにおける私の次のような発言を引用する。

「平和憲法の成立ということを考えてみると、私は憲法を成立せしめたその基礎には、沖縄の分離がその前提として存在したと思うのです。つまり日本を占領した米軍は、沖縄を完全かつ単独に、全面的に支配し、基地化することを前提にして、初めて、たとえば部分的に民主主義だとか、平和主義とか、人権擁護という理念を盛り込んだ政治体制……を、日本本土に認めることが可能であったという具合に考えるのです。そこに憲法の成立当時からいわば構造的な矛盾というものが存在したのだと私は思います。」

その上で彼は、「新崎氏の文章を読むと、憲法成立と沖縄をめぐる「構造的矛盾」が、沖縄の地ではすでに六〇年代から議論されていたことが分かる。しかし、それから四十年が経った今日においても、その「構造的矛盾」が「本土」の人々に広く認識されるにはいたっていない」という。

たしかに私たちは、あのティーチインの頃、より正確にいえば、戦後民主主義を根底から問い返そうとする時代的風潮――それは大学闘争とも通じるものがあるのだが――の中で、ようやくにして、沖縄を米軍政下に置いている不条理がいわゆる「平和憲法」の成立と結びついているのではないかということをおぼろげながら認識するに至ったのである。そしてその後、復帰後沖縄の現実と対峙する過程で、「象徴天皇制」「非武装国家日本」「沖縄の分離軍事支配」から出発し、「非武装国家日本」が、「アメリカの日下の同盟国」と変わり、「沖縄の分離軍事支配」が「沖縄の日米同盟の軍事拠点化」へと変化していく構造的沖縄差別の仕組みを明確に認識するに至るのである。

話題を転じよう。この年は、〝興南旋風〟が吹いた年である。甲子園に出場した興南高校のチームが、破竹の勢いで勝ち進んだのである。沖縄の高校の甲子園出場は、ちょうど一〇年前の一九五八年の首里高校が最初。テレビで観戦していても、ほかのチームと比べて、体格も一回り小さい感じだった。初戦敗退の首里高チームが出場記念に持ち帰ろうとした「甲子園の土」が、検疫に引っ掛かって投棄させられたという試合とは関係ないエピソードの方が話題となった。五年後の六三年、再度出場した首里高校が、日大山形に勝ったのが、多分沖縄の初勝利である。ところが、六八年は、興南高校が準決勝まで進出したのである。準決勝では大敗したものの、興南の試合の時には、国際通りから人影が消えた、といわれた。当時の国際通りは、観光客よりも圧倒的にウチナーンチュが多かった。彼ら彼女らは皆テレビにかじりついていたのである。二〇一〇年、甲子園で春夏連覇を果たした興南高校チームを監督として率いた我喜屋《がきや》優《まさる》（現学園理事長・校長）が、主将で四番バッターだった時代である。これもまた、沖縄社会の活性化の一面であった。

先述した『世界』一〇月号の特集の中で私は、「復帰運動とその周辺*」を書いている。八月の沖縄滞在を踏まえた報告である。その冒頭で私は次のように書いている。

「現在の沖縄の政治的動向は、およそ三つの観点から整理することができる。その第一は、六八年十一月の主席選挙に向けての動きである。第二は、ナショナリズムの問題を中心にする復帰運動の性格をめぐる論議、第三は、沖縄返還あるいは基地撤去を実現するための新しい行動形態の模索、ということになろうか。」

そして、まず第一に、主席選挙をめぐる両陣営の具体的主張や発言を紹介しながらその問題点を指摘している。第二のテーマの具体的素材は先ほど紹介したティーチインである。私の記述では、主催者が沖縄学生稲門会となっている。多分、正式名称が早稲田大学沖縄学生会で、通称が沖縄学生稲門会だったのではなかろうか。それはさておき、私は、このティーチインの目的は、「三つの視点を通じて復帰理論(もしそうしたものが存在すればのことであるが)の再構成をはかろうということにあった」としている。そして「その三つの視点というのは、まず第一に、復帰運動の歴史をたどりつつ、そこにあらわれた思想や理論を明確にすること、第二に、復帰運動が「ユートピア的彼岸として仰いできた祖国」の実態を解明しつつそこに復帰することの意味を明らかにすること、第三に、沖縄問題がいまだに全日本的な政治課題とはなりえていない現実をどのようにして打開すべきかを考えること、である」と続ける。それは、岸本君たちとのティーチインの目的に関する確認事項であったと思う。吉原編著の本の「附記」でもふれているが、このティーチインには、復帰協の役員も出席する予定だったが、復帰協加盟の一部政党や団体の反対によって参加を取りやめるというハプニングもあった。第三に「新しい行動形態の模索」として二つの実力闘争を紹介している。べ平連(ベトナムに平和を!市民連合)の嘉手納基地ゲート前座り込み闘争と、沖闘委(全国沖縄闘争学生委員会)の渡航制限撤廃闘争である。

べ平連の現地闘争

六八年になると、というよりも六七年一一月の日米首脳会談が、沖縄返還を彼らの政策の中に取り込むことを明らかにし始めると、従来の復帰運動や返還運動の質的転換を明らかにしようとする模索が始まる。復帰運動(復帰闘争)、沖縄返還運動(返還闘争)という言葉を使うことにも抵抗感や違和感が生じて、沖縄闘争などという用語が使われ始めるのもこのころからである。集会やデモに代わる新たな実力闘争が模索されるのもこの時期である。

この年五月二日、本土べ平連のメンバーが嘉手納基地ゲート前で座り込みを行い武装AP(米空軍警察)に追い払われた、などというのもその一つである。

八月一六日にも同じ場所で似たような事態が発生した。この日、沖縄県原水協と本土原水禁代表団は、沖縄で初めて開かれた原水禁世界大会沖縄国際会議に参加した本土代表や外国代表を含めて「B52と核基地に抗議する集会」を嘉手納基地第一ゲート前で開き、その後デモ行進をする予定だった。ところが、予定より一時間早く到着したべ平連を中心とする二七名が、米軍の退去命令を無視してゲート前の芝生に座り込んでいて逮捕されたのである。

APは、逮捕した二七人の身柄を琉球警察のコザ署に移した。突発的な逮捕事件に慌てた本土原水禁代表団と沖縄県原水協は、事件を偶発的なものとして早急に処理しようとした。こうしてこの行動は、「事情をよく知らない本土側の人びとがゲートわきの木の下で雨宿りをしていたときに逮捕された」ということになり、逮捕された二七人は、「滞在中その行動を慎む」などいくつかの条件付きで約一三時間後に釈放された。

このときコザ署前には、二七人の無条件釈放を要求して、三大学(琉球大学、沖縄大学、国際大学。後述)反戦学生会議や沖縄マスコミ共闘などの一部労組員が、断続的に降る雨の中を一〇時間近く座り込んでいた。彼ら彼女らは、このような問題処理に対して厳しい批判を加えた。釈放された人びとの多くは、コザ署前に座り込んでいた人びとの総括集会にも参加せず、原水協差し回しのバスでその場を立ち去った。那覇地検は、「軍施設侵入の事実は明らかだが、偶発的な面が強かった」として全員起訴猶予にした。私は、この行動が「沖縄人民のいかなる部分とも連帯することなく、またおそらくは連帯の可能性すら求めようとしないで行われた行動であった」と批判している。

これに対して当事者である新宿べ平連の古屋《ふるや》能子《よしこ》が、私の記述は「事実と違っている」と、『世界』一二月号への投稿で反論している（「沖縄八・一五闘争の報告」）。その中で彼女は、嘉手納基地ゲート前での行動が、八月沖縄闘争実行委員会のＢ52撤去・基地撤去闘争の一環として決定されたこと、その後の内部的な連絡の行き違いの結果、べ平連を中心とする二七名の行動のようになってしまったこと、本土原水禁指導者や社会党やその弁護士たちと琉球警察との取引まがいの交渉などが書かれている。それは、私が現場の記者や関係者から聞いた事実の裏側にある知り得なかった情報を含んでおり、彼女たちの行動の正当性を主張する弁明にはなり得ているが、私の記述が事実と違っていたわけではない。さらにその末尾にある「沖縄の人たちがあの闘いを尊敬し、感謝している」などという記述は、思い上がりも甚《はなは》だしい自画自賛である。

それから半世紀近くたって、この行動を素材の一つにした論文が書かれている。天田城介ほか編『差異の繋争点　現代の差別を読み解く』（ハーベスト社、二〇一二年）の第7章に位置づけられている大野光明「「沖縄問題」の「入り口」で」がそれである。大野は、「沖縄原水協は1968年の運動を総括した際、「8月16日には第1ゲート前で沖縄国際会議参加の本土代表とともに撤去要求集会を持」ち、「本土べ平連や学生27人が理由もなく米軍によって逮捕」されたが「逮捕者全員を釈放させた」ことを、「全国民的撤去斗争」と表現している」として、「ベ平連との共同行動は、本土との連帯の取り組みとして肯定的に総括されたのだ」と書く。その上で、「しかし、わざわざ沖縄に来て活動をすることの賛否を問う意見、それも否定的な意見も出ている」として、私の「復帰運動とその周辺」の次の部分を引用する。

「本土の組織や個人が沖縄現地において直接的な基地撤去行動を行うことそれ自体は、なんら否定されるべきではない。だが、そのような行動を行う場合には、沖縄における運動の一環としてその行動を明確に位置づけ、その行動に対する個人的、組織的責任を十分に認識したうえで、基地労働者や基地周辺住民をはじめとする沖縄人民との連帯を確立する方向において行われなければならないであろう。さらにまた、本土の組織や個人の本来的任務が、沖縄現地ではとりくみにくい対政府(日本)闘争を、本土において強力に展開することにあるということも忘れてはならない。原水禁大会の分散会などで、大会運営者の側が「沖縄の実態を本土代表が実感として十分把握することの意義」をくりかえし強調していたのに対し、「沖縄に来なければ沖縄闘争は闘えないのか」という反撥がかなり強かったことも見落とせない。」(傍点は大野)

そして次のようにいう。

「「沖縄に来なければ沖縄闘争は闘えないのか」という強迫めいた指摘は、多様な実践を本土と沖縄という二分法の構造へと引きずり込んでいくものである」(傍点は新崎)と批判する。

あれから約五〇年。構造的沖縄差別は、より強固に、また、歴然としたものになりつつある。そうした状況を反映して、「沖縄に来なければ沖縄闘争は闘えないのか」というある意味で受けのいい言葉も、中身を空洞化させながら、肥大化している。だが一方で、辺野古《へのこ》や高江《たかえ》の闘いの現場では、あるいはきわめて限定的ながら思考の分野でも、観念的二分法は、実践的に克服されつつあるようにも見えるのだが……。

沖闘委の渡航制限撤廃闘争

嘉手納基地ゲート前行動から数日後の六八年八月二一日、私は、「ひめゆり丸」に乗って、那覇から、晴海へ向かおうとしていた。五九年以来、一〇年ぶりの船旅である。五九年当時は、ほぼ一昼夜、二四時間かけて鹿児島に行き、また一昼夜汽車に乗って東京へ行く、というのが通常のコースであった。このころは、鹿児島以外に大阪や東京へ直行できる選択肢が用意されていた。飛行機の便数も増えてはいたが、まだ航空運賃は二等の船便の三、四倍はしたから、少なくとも学生の大多数は、船便を利用していたはずである。

私がこの日に那覇港を出る「ひめゆり丸」に乗ったのは、「ひめゆり丸」に乗船する沖闘委(全国沖縄闘争学生委員会)の学生たちが、晴海で入域拒否闘争を行うことを知っていたからである。沖闘委は、沖縄出身の学生グループで、委員長は、後に「那覇市立壺屋焼物博物館《やちむん》」の館長になる渡名喜明《となきあきら》であった。彼とは、前年の大学祭の時期に、東大の豊島寮あたりで知り合ったのではあるまいか。七月ごろ、訪ねてきた渡名喜から、渡航制限撤廃闘争についての意見を聞かれていた。この時期までは、沖闘委には、中核も革マルも、赤ヘルも黒ヘルも、ノンセクトも同居していた。

沖闘委結成の動きは、六七年秋に遡る。沖縄出身学生の間から、三派全学連の羽田闘争に参加して国費留学生の身分を打ち切られた九大生の処分撤回を求める動きが始まったのがそのきっかけである。

渡航制限撤廃闘争が実力闘争として初めて行われたのは、六八年三月一〇日、鹿児島から那覇へ着いた「おとひめ丸」に乗船していた三人の帰省学生がパスポート(入域許可証)の提示を拒否して強行上陸し、略式裁判で三〇ドルの罰金が科せられたという事件が最初だろう(この事件については、当事者の一人、三木勝が『世界』六八年六月号に、「ぼくはこうして入域手続きを拒否した」という投稿を行っている。この投稿は、官憲側の戸惑いを含め、当時の状況がわかって面白い)。沖闘委は、この事件に衝撃を受け、より組織的に渡航制限撤廃闘争を展開しようとしていた。三月以降、各地の港や空港では、散発的に、パスポートの提示を拒否する行動が起こっていた。

八月二一日、那覇港で琉大反戦学生会議や沖縄べ平連などとともに渡航制限撤廃要求の集会を開いた後、「ひめゆり丸」に乗船した沖闘委のメンバーは、乗客を交えて、渡航制限に関する討論会や署名活動を始めていた。私は「六八一名の乗船客のうち四三二名の署名が集められ、四十数ドルのカンパが寄せられた」と書いている。かなりの数の乗客が、ありあわせの荷札に、思い思いに「渡航制限撤廃」の意思表示を書いて胸にぶら下げはじめたのも、時代的雰囲気を示すそれなりに感動的な情景であった。私自身は、一階上の一等船客室に陣取っていた。四人部屋だったと思うが、他の客はいなかったはずで、渡名喜明たちが出入りして、戦術会議に使っていた。私がわざわざ一等船客になったのも、そうしたことを想定しての上であった。一等でも、航空運賃よりは安かったはずだ。岸本建男のグループもこの船に乗っていた。

渡名喜明が雑談の中でしきりに気にしていたのはチェコ情勢だった。チェコスロバキアでは、この年初めから、自由化、民主化を求める独自の社会主義の道が模索され始め、六月には、知識人グループから、その進展の遅いことを批判する「二〇〇〇語宣言」が出され、ソ連の『プラウダ』がそれを非難するなどの動きがあり、チェコ情勢は緊迫化していた。八月二〇日には、ソ連、ポーランド、東ドイツ、ハンガリー、ブルガリアの軍隊がチェコに侵入し、八月二三日、その軍事的圧力の中でソ連とチェコの首脳会談が行われていた。中国の『人民日報』は、「社会帝国主義」という言葉を使ってソ連を非難していた。チェコ情勢如何では、沖闘委の渡航制限撤廃闘争のキャンペーンは、マスコミ報道の中から吹っ飛びかねなかった。

二三日昼過ぎ、羽田沖に到着した「ひめゆり丸」は、海上保安庁や水上警察、報道関係者の船に出迎えられ、入国管理官と一緒に二、三〇人の警官が乗船してきた。警官隊は、ハンドスピーカーで演説をしていた学生の行動を規制し、学生たちを船内の一角に押し込め、一般乗客と隔離しようとした。ところが、「渡航制限撤廃」の荷札をぶら下げた乗客たちに囲まれて非難の声を浴びせられ、自分たちの行動がかえって船内を混乱させると判断したためか、数分で下船していった。

私は、乗船してきた報道陣の中に大学時代の友人を見つけ、晴海埠頭の状況を詳しく聞いて渡名喜たちに伝えたりしていた。携帯電話などという便利なものの無い時代である。晴海埠頭には、昼前から、沖闘委の行動を支援する八月沖縄闘争実行委員会の数百人の学生や労働者が集まっていたという。船が埠頭に近づくと、ヘルメットをかぶった学生集団の前で、演説をしている川崎沖縄県人会の古波津《こはつ》英興《えいこう》の姿などが見えてきた。

午後五時ごろ、ひめゆり丸が接岸すると沖闘委の学生たちはデッキにあがり、赤い表紙の身分証明書(米民政府発行)を焼き捨てた。下船が始まると、それまで渡航制限撤廃のシュプレヒコールを繰り返していたヘルメット姿の学生たちがタラップに押しかけ、沖闘委の学生たちは、その学生たちの渦の中に強行上陸、彼らに囲まれるようにして姿を消した。翌二四日付の琉球新報は、「この直後機動隊が出動、あとを追ったがおそかった。一行は法的に問題にされることなく上陸に成功した」と書いている。姿を消した沖闘委の学生たちは、午後九時過ぎ、虎ノ門の東京芝法律事務所で記者会見をしている。

船内に放置された彼らの荷物は、岸本君たちのグループの学生が整理し、持ち出してやったのではなかったかと思う。当時の晴海港には、バスなどの公共交通機関もなかった。私が下船した時には、タクシーすら見当たらなかった。ふと見ると、朝日新聞の社旗を立てた黒塗りの車の中で、顔見知りの岩垂《いわだれ》弘記者が記事を書いているのを見つけた。この車に便乗させてもらって最寄駅まで出て、半月間の私の沖縄旅行は終わった。

帰ってくると、さまざまな仕事が待ち受けていた。その中の一つが、私の最初の単著となった『沖縄返還と70年安保』(現代評論社)である。現代評論社からは、かなり早い段階から、七〇年を前にして、日米安保体制の土台としての役割を押し付けられている沖縄の役割を、戦後日本政治の構造的矛盾として描き出した本をまとめるべきではないか、とすすめられていた。私自身もその必要性は痛感していたものの、目先の仕事への対応を迫られる時間的制約の中で、なかなか引き受けられないでいた。ようやく論文集という形のものならば、ということで引き受けたものの、いざ読み返してみると、政治情勢の急速な進展に対応するためには、全面的に再構成し書き直すことにならざるを得なかった。

九月下旬から一〇月上旬までの一週間ほど駿台荘に立て籠もって、第一章一六〇枚を整理し、出版社に渡した。そんなある晩、どこからか、大勢の歓声や怒声が地鳴りのように聞こえてきた。廊下に出て下界を見下ろすと、三崎町の日大校舎のあたりが明るく照らし出されている。仕事を中断して行ってみると、日大校舎前の白山通りが、数十メートルにわたって、座り込んだ日大全共闘(全学共闘会議)の学生によって占拠されている。

それまで日大は、大学ぐるみ右翼的体質の大学という印象を世間に与えていた。六〇年安保の時も、学生のデモの隊列に、日大自治会は存在しなかったのではなかろうか。だが、六〇年代末には、日大全共闘は、東大全共闘と並ぶ存在として、大学当局の腐敗した大学運営を批判し、大衆団交で経営陣を退任に追い込んだのである。かつて日大一中に在籍したことのある私にとって、日大は、なんとなく親近感を覚える大学であった。しばらく歩道に立って学生たちの集会を見ていた私は、自分まで元気になって仕事に戻った。

『沖縄返還と70年安保』は、一二月中旬に出版された。しばらくして岸本建男から連絡があり、この本の読書会をしているので出席してほしい、という連絡があった。どこかの喫茶店で何回か付き合うことになった。彼らの質問や疑問は、抽象的観念的なものもないではなかったが、きわめて的確な指摘も少なくなかった。岸本君は、冗談めかしながら、「ぼくたちは、中野好夫を粉砕し、新崎盛暉を乗り越えよう」を合言葉に勉強会をしているんですと言っていた。傲慢といえば傲慢だが、当時の若者たちが、自分自身に引き付けて現実の課題を考えようとしていたのは確かであった。その意味でいえば、いい時代であった。

目を沖縄現地に転じると、主席選挙では屋良朝苗が当選し、那覇市長選挙でも革新共闘の平良《たいら》良松が当選していた。だが、主席選挙から一〇日も経たないうちに、B52の墜落爆発事故が起こり、沖縄社会は厳しい現実に引き戻されていた。一二月七日、「いのちを守る県民共闘会議」（B52撤去・原潜寄港阻止県民共闘会議）が発足した。

二・四ゼネストの挫折

六八年一二月七日、一四〇団体が加盟して発足した「いのちを守る県民共闘会議」は、一二月一四日、嘉手納で三万人を集めたデモと決起大会を行うなど、B52撤去の闘いを盛り上げていったが、明けて六九年一月六日、B52嘉手納常駐化からちょうど一年目の二月四日にゼネストを行うことを最終決定した。

これに対して米民政府は、一月一一日、突如、総合労働布令（布令第一一六号の改定版）を公布した。県民共闘の中心勢力に成長していた全軍労を対象に、基地労働者のスト禁止、軍事行動への阻害行動に対する処罰強化などを再確認するものであった。だが、翌一月一二日の全軍労の臨時大会では、賛成二二三、反対一三、白票一の圧倒的多数で、二月四日の二四時間ストライキが決定された。全軍労のゼネスト参加決定によって、二・四ゼネストに対する社会的共感・共鳴は、燎原《りょうげん》の火のように広がり、那覇市では、ガーブ川中央商店街組合が一月三一日に組合員大会を開いて二月四日の一日休業を決めたのをはじめ、各所で閉店スト実施の討議が始まっていた。全軍労は、一月一七日、総合労働布令撤廃を要求する総決起集会を開いた。琉球立法院は、一月二二日、全会一致で、総合労働布令撤回要請決議を可決した。米民政府は、一月二三日、一月二五日に予定していた総合労働布令の施行を三月一日に延期すると発表した(結局無期延期となった)。総合労働布令は、支配者の強圧的姿勢に対する民衆の反応を見るためのテスト的戦術であったのかもしれない。

二・四ゼネスト体制の確立やこれに共鳴する社会的雰囲気の盛り上がりの中で、日本政府の危機感も高まっていった。二・四ゼネストは、基地撤去や安保反対こそ掲げていなかったものの、B52撤去と原子力潜水艦寄港阻止を要求する明確な政治ゼネストであり、それは、日米軍事同盟の再編強化を意図する沖縄返還交渉の前途に立ちふさがる最大の阻害要因になろうとしていた。政府は対米交渉によってゼネスト回避の口実を見出そうとすると同時に、屋良主席に対しては、ゼネストによってアメリカ側が基地の運用に不安を感じるようなことになれば、日本復帰が遅れるかもしれない、と圧力をかけた。

ゼネスト回避の口実を求めていたのは、日本政府だけではなかった。当時の日本の労働運動のナショナル・センターであった総評、同盟、中立労連などの指導部は、タケマエ上は、沖縄側の決定を全面的に支持するとしていたが、後に彼ら自身が明らかにするように、沖縄から提起された政治ゼネストに呼応するような十分な体制を作り上げられずにいた。おまけに、組織内部では、時代状況を反映しながら、指導部の統制を超えて沖縄闘争の一翼を担おうとする反戦青年委員会等が勢力を拡大していた。だが、経済闘争至上主義的傾向を強めつつあった日本の労働運動に、マッカーサーの命令によって挫折した二・一ゼネスト(一九四七年)を超える意味を持ち得たかもしれなかった二・四ゼネストを支える力量はなかった。

日本政府や労働運動圏の指導部に共有されたゼネスト回避の口実が、対米交渉の結果得られた「B52は、六、七月頃には撤去されるであろうという〝感触〟」、であった。屋良主席は、この「感触」を拠り所にして、県民共闘にゼネスト回避を要請した。屋良主席にとって、米側が基地運用に不安を感じると復帰が遅れるかもしれない、という懸念の払拭がすべてに優先したといえるだろう。だがこの時点で明確になっていた日米軍事同盟再編強化政策の一環としての沖縄返還政策は、彼らにとって必要不可欠な政策であった。民衆闘争の前進は、彼らに譲歩を迫り、その政策を修正させることにはなっても、彼らが返還政策を撤回して長期的軍事支配を強化することなど不可能であった。そのことは、民衆の一部にはすでに実感されていたけれど、政治的指導者たちの多数にはなお明確には認識されていなかった。二・四ゼネスト体制は、屋良革新主席の回避要請を契機として崩れていった。

二・四ゼネストの挫折は、屋良主席に代表され、象徴される復帰思想の敗北であった。だが同時に、日本の労働運動の限界を露呈したものであったことも見落としてはならない。

二・四ゼネストの挫折以後、「二・四ゼネストとは何であったか」を問い返す総括文書が、組織の立場からだけではなく個人の立場からも、沖縄においてだけではなくヤマトにおいても、実に多く書かれた。二・四ゼネストは、もしかすると、沖縄とヤマトの闘いを通した連帯の可能性を最も多くはらんでいたといえるかもしれない。沖縄闘争は、二・四ゼネストの挫折によって大きな曲がり角を曲がった。

九　七〇年安保から沖縄返還へ

一九六九年一月一八―一九日

沖縄闘争が大きな曲がり角を曲がろうとしていた同じ時期、大学闘争もまた、曲がり角を曲がろうとしていた。一九六九年一月一八日、加藤一郎東大総長代行の要請を受けた機動隊が、安田講堂に立て籠もる学生の排除に乗り出した。加藤一郎は、沖縄資料センターの五人の世話人の中で、唯一、私が面識の機会を得ていない人物だった。

一月一八日は土曜日だった。当時はまだ週休二日制の時代ではない。遅刻したため一時間休暇を取って、役所で何やら打ち合わせをして、昼過ぎ役所を飛び出して横浜に向かい神奈川大学で講演。横須賀線（当時）で川崎に出ると四時前、駅ビルで安田講堂攻防戦のテレビを一時間ほど立ち尽くして見た。その後小一時間、喫茶店で、次の全国金属神奈川地本青婦部での話の構想を練る。六時に南武線の矢向《やこう》という所へ出で、池貝鉄工所の食堂で一時間ほど話をし、質問を受ける。出席者の真剣さが感じられる集会だった。

九時半ごろ川崎を出て帰宅。

翌一九日は日曜日。締切間際の原稿は抱えていたはずだが、講演や学習会の予定はなかった。八時ごろ起きてテレビを点けると、安田講堂の攻防戦が続いている。何となく落ち着けず、御茶ノ水に向かう。聖橋《ひじりばし》口を出ると、反戦青年委員会や緑色のヘルメットをかぶったフロントと呼ばれる党派の連中が、敷石を割って積み上げている。敷石の割れる音は、異様な金属性の音だった。御茶ノ水口から駿河台下の方も、順天堂の方も反戦青年委の労働者や学生、野次馬でいっぱいである。御茶ノ水周辺は、すでに催涙ガスが漂っていて目が痛い。

本郷三丁目から、東大正門、農学部の方へ行くと、警官が張り込んでいて立ち止まることはできない。閉ざされた東大正門のかなたの安田講堂は、黒ずんで陰気な雰囲気を漂わせている以外は何もわからない。門の外には、「造反有理」と大書した立て看板がポツンと残されていた。

農学部から、弥生門、池之端門、龍岡門を回って再び本郷三丁目に出る。それぞれの門には、白い腕章を巻いた教職員が立っている。なぜか彼らは、照れたような笑いを浮かべている。構内で警察力によって学生の抵抗が圧殺されているとき、談笑しながら門番の役を務める教官たち。テレビの中継に登場して学生運動を教育ママと関連付けて解説しつつ自らに問われている責任を無視している教官もいる。やはり東大は、解体せざるを得ないのかと感じる。

東大前を走っていた都電は、本郷三丁目で折り返し、農学部前まで行ってまた戻るようになる。順天堂の所へ出てみると、革マル派のバリケードが少し後退している。疲れて学士会館でサンドイッチを食べてから水道橋駅の方に回って線路沿いにアテネ・フランセの方へ登ってくると、対岸で機動隊の規制が始まっているのが見える。バリケードの外側の群衆を水道橋方向に追い散らした機動隊員が、逃げ遅れた少年を素手で殴ったり、首を絞めたりしている。逮捕するわけではない。

破壊された駅前交番には「解放区」と書かれたボール紙がかかっている。そういえば、「神田カルチエ・ラタン」などという言葉もあった。駿河台下へ降りはじめると催涙ガスの刺激が強すぎて目が開けられず、聖橋口の方に回ると、車で取材中の共同通信記者・小田橋弘之にばったり出会った。小田橋とは、駒場のクラスが一緒だった。机を積み上げただけのバリケードに掲げられた「解放区」の看板は、何か空しく、滑稽ですらあったが、同時にそうした空間を徘徊している私自身、あまりにも無力でまた空しい存在であるかのように感じられた。さまざまに錯綜する想いに取り付かれ、疲れ果てて稲毛に帰った。

第三の資料集『ドキュメント沖縄闘争』

二・四ゼネストの挫折・敗北によって、沖縄闘争は曲がり角を曲がったが、それですべてに決着が着いたわけではない。日米両政府が、一一月の首脳会談に向けて最大の障害物を乗り越えたというにすぎない。二・四ゼネストの挫折に無念の想いを抱いた人びとは、それぞれの立場から沖縄闘争の再構築を目指した。この年の四月二八日(沖縄デー)に、代々木公園で一三万人を結集して社共、総評などの統一中央集会が開かれ、反日共系の学生や反戦青年委の労働者らが銀座・有楽町一帯の道路を占拠し、国電や新幹線が深夜までストップ、一〇〇〇人近い逮捕者を出したことなどもその一つの現れであった。沖縄では、六月五日、全軍労が、解雇撤回を掲げて、銃剣を突き付ける米兵と対峙した二四時間ストを行い、安里積千代が米兵の銃剣で負傷している。

こんな時、『沖縄問題基本資料集』『戦後資料 沖縄』に継ぐ第三の資料集を編纂しようという話が持ち上がった。最初の話の出所は、二、三年前に、御茶の水書房から独立して、亜紀書房という出版社を立ち上げた棗田《なつめだ》金治である。何が棗田と知り合うきっかけだったが思い出せないが、彼から、沖縄現代史をまとめないか、といわれていた。亜紀書房は、現代史叢書として、清水知久『アメリカ帝国』、石田保昭『インド現代史』などを出していた。私が『沖縄返還と70年安保』をまとめていたころの話である。沖縄現代史が第三の資料集に転換したきっかけは、亜紀書房が東大全学共闘会議編『砦の上にわれらの世界を――ドキュメント東大闘争』(一九六九年)で、当てたことがきっかけだったのではないかと思う。

私も第三の資料集の必要性を痛感し始めていた。『戦後資料 沖縄』は、六八年四月の全軍労闘争までの時期でまとめの作業に入っていた。だがこのころになると、全軍労とか、復帰協、あるいは、社会党・総評系の沖縄連とか、共産党系の沖実委などという大組織に担われた運動だけでなく、沖闘委のような学生組織や、大阪のデイゴの会(大阪沖縄連帯の会)、東京の沖縄返還のための市民の会のような個人が中心となった市民組織なども誕生し始めていた。私自身、そのいくつかとは、学習会等を通じてかかわりを持っていたのである。そして二・四ゼネスト挫折の中から現れた膨大な総括も、今後の闘いの方向性を探る基礎資料として、広く共有化される必要があった。

こうして、「沖縄闘争の実態を闘争主体の発言に即して明らかにする」資料集が企画されたのである。この編集企画に参加したのは、私と我部政男、比屋根照夫両君の三名と、岸本建男、渡名喜明の計五名である。岸本君のグループの学生諸君も協力してくれた。この資料集の編纂には、先行する二つの資料集を編纂した三人だけでなく、新しい問題意識を持った二人の参加が大きく貢献した。沖縄現地を中心にした新たな資料収集も、岸本・渡名喜の両君が当たってくれたのではあるまいか。少なくとも私自身は、この年は、沖縄に足を運んではいない。

資料集編纂のための共同討議や編集作業はどこでやったか。発足したての亜紀書房は、神保町の木造民家の二階の和室二間の会社で、社長とこの本の担当だった女性社員(木村、のち石尾喜代子)の二人以外に社員がいたかどうか、記憶が定かではない。とても、駿台荘を使うなどという話にはならない。

多分、亜紀書房の部屋や喫茶店を使ったと思うが、最終の編集作業は、私の家でやった。というのも、この年四月私は稲毛から東京へ引っ越していたのである。都心まで往復三時間以上かかる稲毛に住み続けることは無理だったのである。東京の住居は、京王新宿線・井の頭線の明大前から五分とかからないマンション(杉並区和泉)の三階で、ベランダを含めて四三平米の小さな2LDKの部屋だった。六畳と四畳半の団地サイズの和室と、七畳ぐらいのLDKで、その四畳ぐらいの空間をベビーベッドの柵で仕切ったところに机を一つ置いて私の仕事場にしたが、そこには本棚も一〇台ぐらい押し込んであったから、蟹のように横歩きしなければ移動できなかった。

東京に出てきたもう一つの理由は、連れ合いの恵子の仕事のことがあった。恵子が結婚後も仕事を続けることは二人の了解事項であったが、稲毛に住んでは事実上無理で、長男の出産を機に小学館を退職していた。京王新宿線と井の頭線が交差する明大前は、新宿にも渋谷にも近く、とても便利な場所だった。恵子は、長男を保育園に預けて、アルバイト的にではあるが小学館の仕事をするようになった。

『ドキュメント沖縄闘争』と名付けることになる第三の資料集の山場の編集作業は、この明大前のマンションの部屋でやった。恵子と長男は松陰神社前の実家に帰っておいてもらって、仕切りのフスマは取り払い、畳の上一面に資料を拡げて、泊まり込みで作業をやった記憶がある。

『ドキュメント沖縄闘争』は、前二者の資料集に比べると、量的には、五分の一か、六分の一であったが、それなりに個性的な資料集ができたと思う。時期的には、沖縄教職員会の「佐藤訪米にこう対処する――教職員会一一月行動の指針」までを入れた。編集作業が完全に私たちの手を離れた時、一一月の佐藤・ニクソン首脳会談が行われ、日米共同声明が出された。私たちとしては、すでにその本質は、「教職員会一一月行動の指針」などに予見されているので、あえてこの本に収録する必要はないと思っていたが、出版社側が、直近の大きな話題になっている日米共同声明はぜひ入れたいと主張したので、「付録資料」として、共同声明と佐藤首相のプレスクラブでの演説の要旨を巻末に入れた。

『ドキュメント沖縄闘争』は、『ドキュメント東大闘争』で大当たりをとった亜紀書房が期待するほどは売れなかったようだ。沖縄闘争という言葉自体に対する反発もあった。復帰運動とか返還運動という言葉があるにもかかわらず、あえて沖縄闘争という言葉を使うことに胡散臭さを感じたと書いた書評もあった。だが、沖縄闘争は、日本復帰運動や沖縄返還運動を乗り越えて、日米両政府の沖縄返還政策の先までを見据えた永続的闘いを表現する言葉として登場してきていたのである。

『ドキュメント沖縄闘争』が出版される直前ぐらいだったろうか、岸本建男がひょっこりやってきて、世界旅行に出かけるので、印税を前借りさせてくれという。沖縄返還後の長い闘いに備えて、視野を拡げておこうとでも思ったのだろうか。旅行から帰ると、刃渡り一〇センチぐらいの短剣のようなゾーリンゲンのナイフを土産にくれた。このナイフは、後に、息子たちが沖縄の海でアジケー(シャコ貝)を獲る時に重宝していた。

佐藤訪米阻止闘争と国政参加

『ドキュメント沖縄闘争』の「あとがきにかえて」において、私は、「二・四ゼネストの挫折から教訓的に引き出された政治的スローガンが「佐藤訪米阻止」であった」として、「教職員会の一一月行動の指針」の次の部分を引用している。

「七〇年安保問題は事実上、今年一一月の日米会談で終結する。この点、七〇年闘争あるいは七〇年代闘争を呼号する総評や本土革新政党の姿勢は、根本的に甘い。決戦場は今年一一月でなければならない。」

「すでに愛知(揆一・外相)・ロジャース(国務長官)会談で決まっている核基地の自由使用に要求を提出しても無駄であるし、何らかの望みをかけることもできない。沖縄県民を再び死地に追い込む日米会談を打ち破り、徹底的に抗議を続けていく以外にない。復帰を願う沖縄県民からすれば、佐藤の返還方式を肯定するか、否定するかが選択されよう。」

その上で私は、「この主張にスローガン的表現を与えるとするならば、それは、「佐藤訪米阻止」以外にはありえなかった」と結論付けた。だが、この政治的スローガンは、街頭闘争に力点を置く学生や反戦派労働者を超えた広がりは持ち得なかった。相変わらず、佐藤訪米(日米首脳会談)を阻止したら、沖縄返還はどうなるのか？といった素朴な問いが、運動圏内部でも幅広く存在した。それは現在に引き寄せて言えば、辺野古移設(新基地建設)を拒否したら普天間が固定化されるのではないか、といった欺瞞的論理に引き継がれている。だが、もはやこの論理は、世論調査の数字に示されるような意識レベルでも通用しなくなっている。そこに沖縄における闘いの歴史的成果が示されているといえるのかもしれない。

佐藤訪米の直前に発行された『世界』一二月号は、「沖縄返還と七〇年安保」を特集している。その中で中野さんは、「新しい闘いのはじまり」という文章を書いている。そこで、日米首脳会談の結果はほぼ予測されているとはいえ、長く米軍政下に置かれ続けてきた沖縄県民の立場を考えると自分はやはり訪米阻止という立場はとれない、と述べた上で、日米首脳会談後、さらなる新たな闘いを始めなければならないのだとしていた。それが中野好夫の基本的立場であった。

そうした運動圏や言論界の状況の中でも、六九年一一月一三日には、復帰協主催の一〇万人集会や六七単組八三万人参加の総評の統一抗議ストなどが展開され、一一月一六(―一七)日には、沖縄を含む全国一二〇カ所で、約七二万人が参加した佐藤訪米抗議集会が行われた。羽田周辺では、反日共系学生の佐藤訪米阻止行動が展開され二〇〇〇人を超える逮捕者を出した。このような騒然とした状況の中で、七二年沖縄返還の基本的性格を明らかにする佐藤・ニクソン共同声明が発表された。そしてそれを踏まえて、およそひと月後の一二月二七日、第三二回総選挙が行われた。結果は、社会党が四〇議席を失い、自民、公明、共産が伸びる、という結果であった(自民二八八、社会九〇、公明四七、民社三一、共産一四)。それはある意味で街頭闘争の限界を示すものであった。

日米共同声明が発表されると、中野さんは、駿台荘に立て籠もって、「日米共同声明に関する内外解釈の重大な食いちがいについて」という小冊子をまとめた。日米共同声明の欺瞞性を具体的、実証的に指摘したものである。中野さんは、自ら宣言していた新しい闘いを始めていたのである。中野さんは、この小冊子を、一万部、「沖縄資料センター気付中野好夫」の名で自費出版したのである。私や小川壽夫さんは、「もうそんな段階じゃないんだよな」などとぼやきながら、資料集めや小冊子の配布を手伝っていた。この小冊子の内容は、加筆修正されて、翌七〇年の『世界』三月号と四月号に上・下二回に分けて掲載されている。中野さんがわざわざ小冊子の作成・配布を急いだのは、この小冊子の表紙に「投票前に、これだけはぜひ知っておいてください」と書かれていることにも示されているように、総選挙前に一人でも多くの人びとに日米共同声明の欺瞞性について知ってもらいたいからであった。そのためには、月刊誌への掲載では間に合わなかったのである。

このころになると、私と中野さんとの間では、政府の沖縄返還政策に対する見解の相違は避けられないものになっていた。より厳密にいえば、返還政策に対する捉え方は基本的に同じだが、対応策が異なっていた、というべきかもしれない。この点をめぐって中野さんの書斎で何回か議論をしたことがある。私は、対日講和時点での中野さんたちの主張に言及し、「先生方は、たとえ講和が多少遅れても全面講和を目指すべきだと主張されていたではありませんか」といったこともあった。中野さんもこのことは記憶に残っていたとみえて、ずいぶん後(復帰後の一九七六年)になって、社会新報(六月二日)に、次のように書いている(「『戦後沖縄史』を読んで」)。

「さて、この佐藤訪米阻止については、わたしには苦しい記憶がある。終始いっしょに仕事をしていた新崎君と、実はこのとき、はじめて意見の相違が出た。新崎君ははっきり阻止をいったが、わたしは反対とはいったが、阻止とはいえなかったのだ。いずれロクな協定ができるとはもちろん、期待しなかったが、それにしてもアメリカ支配だけは断つべきだ、あとは本土政府の態度しだいで漸進の途はあると、いまから思えば実にあまいわたしの考えだった。取れるのはなんでも取っておけ、落ちた針一本でも拾っておけとまで言ったように思う。が、新崎君は納得しなかった。あくまで阻止といった。お互い子どもではないから、別にけんか別れまでにはならなかったが、やはり彼が正しかったのであろう。まさに拾った針を本土政府が、沖縄の脳天深く打ちこむようなひどいことまではすまい、と考えたのがあまかったのか。とにかく、いまもって悔いがのこる。

もちろん、新崎君の所論にも多少の疑問はある。それならばあの場合、どうすれば阻止に成功できたか、また阻止に成功すれば現在どうなっていたか、そこまでもっと具体的に新崎君は書いてほしかったと思うが、結論だけからいえばどうやら、やはり彼の方が正しく、わたしの考えがあまかったように自責する。」(文中の「針」は、中野さんがその後も繰り返されている話からすれば、「釘」の誤植である。)

ついでというわけではないが、もう一つエピソード的な話を付け加えておこう。私は、六九年八月六日付の沖縄タイムスに、「国政参加　今こそ〝行動〟を」という文章を書いている。

「国政参加」は、復帰協が結成当初から掲げていた個別的要求の一つである。だが、沖縄問題に理解のある憲法学者などの間でも、憲法が適用されていない沖縄から国会議員を送ることは、法解釈上困難である、という見解が支配的であった。しかし、沖縄返還が日米両政府の政策に取り入れられるようになると状況は大きく変わってくる。さまざまな政治的思惑も交えながら、オブザーバー方式なら可能ではないか、といった議論が国会の場にも浮上する。大田昌秀が「国政参加の原理と現実」を書いたのは、『世界』七〇年四月号であった。

私の原稿は、依頼原稿ではなく、沖縄タイムス東京支社の由井晶子を経由した持ちこみ原稿である。私が付けた元のタイトルは「いまこそ国会へ」というものだった。これは、六〇年安保当時、当時はまだ最左派の論客だった清水幾太郎の扇動的呼びかけ「いまこそ国会へ――請願のすすめ」『世界』六〇年五月号)のもじりだった。一学生として安保闘争の渦中に居た私にとって印象に残るタイトルだったのである。

私の主張は、もはや政府や国会に陳情したり要請したりするのではなく、沖縄で自主的に国会議員を選出し、選出された議員が直接沖縄代表として国会に押しかけるべきだというのである。そのことによって「国家権力の意向(合法的意志)にかかわらず、人民は自らの権利を行使することができる。行使しなければならぬという真にラディカルな権利意識」が培養されると強調した。いわば、民衆の自己決定権を行使した権利奪還の実力闘争として国政参加を位置づけようとしたのである。

日米首脳会談後、国政参加問題は急進展する。やがて締結されるであろう返還協定の審議に沖縄代表も参加させたという形式を整えようという思惑の下、憲法解釈上困難であったはずの沖縄における国会議員選挙を可能にする「沖縄住民の国政参加特別措置法」が国会で成立(七〇年五月)し、特措法に基づく選挙法を立法院が全会一致で可決(七〇年七月)するという過程を経て、七〇年一一月一五日、沖縄で衆参同時の国政選挙が行われた。これに対して、国政参加拒否闘争なども提起されたが、いささか「喧嘩過ぎての棒ちぎり」の観はまぬかれなかった。

次に、「権利奪還の実力闘争としての国政参加」という提言の延長線上で私が主張したのは、沖縄返還協定を沖縄人民の住民投票にかけよという主張だった。だが沖縄で、県民投票や市民投票が実現したのは、四半世紀も後の一九九六、九七年のことである。

『沖縄・70年前後』

さて、六九年一二月一五日付で『ドキュメント沖縄闘争』が、二〇日付で『戦後資料沖縄』が相次いで出版された。編集作業に手間取った『戦後資料 沖縄』を『ドキュメント沖縄闘争』が追い抜いてしまう形になった。定価は、前者が七五〇円、後者が五〇〇〇円である。当時としては、かなり高い本であった。確かその印税が五〇万円だった。中野さんは、それを新里恵二、高橋実、我部、比屋根、屋宜宣仁の五人に一〇万円ずつ配分した。編者の中野さんと実務の中心にいた私の取り分はゼロになってしまった。多分そのこととも関連がありそうなのだが、それから間もなく、中野さんは、「これだけ情勢が変化すると『沖縄問題二十年』の続きを書く必要がありそうだな」といった。私に異存があるはずはなかった。というよりも、一年以上前から沖縄戦後史をまとめ直す必要について、新書の編集部に移っていた小川さんと話題にしていたのである。中野さんの鶴の一声もあって、この本はただちに企画化された。それが最終的には『沖縄・70年前後』というタイトルで出版されることになった私の二冊目の岩波新書である。

この本もまず最初に私が原稿を書き、中野さんがそれに目を通して「まえがき」を書くという手順で進められた。このころ、原稿の清書は恵子にしてもらっていたのだが、このときは、恵子が自分の仕事で忙しかったこともあって、渡名喜明にも清書を手伝ってもらった。五月末、二人で駿台荘に二泊三日籠もって最初の原稿を仕上げた。中野さんは、二人の字が混ざった原稿を見て、「奥さんの字が男の字で、こちらが女の字のようだな」といった。渡名喜君はその風貌に似合わず、丸っこい可愛い字を書いていた。

すでに述べたように、この時期中野さんと私は、佐藤訪米阻止→七二年返還政策粉砕か否かをめぐって、政治的スタンスを異にしていた。ずいぶん後になって、そんな対立を抱えて、「よく(一緒に仕事が)できましたね」と尋ねられたことがある。それに対して私は、「それは中野さんの人間が大きかったからです。僕たちは子ども扱いされていたというところだったと思いますが、それでも一致できるところはありました」と答えている(小森陽一編著『沖縄とヤマト』かもがわ出版、二〇一二年)。この答えで間違っているわけではないが、やはり正確にいえば、中野さんと私は、現状認識は同じで、それに対する政治的対応策が違っているだけだから、歴史的叙述の上で根本的食い違いが生じることはなかったといえるのかもしれない。

私の書いた原稿に表現上の加筆修正はいくつかあったが、内容的な点で疑問を呈されたところは皆無だった。中野さんが書いた「まえがき」も、本文と完全に整合性を持っていた。

もともと、中野さんの、「政治的立場やイデオロギーは後からついてくるもので、肝心なのは、人間が信用できるかどうかだ」、という姿勢は一貫していた。

その頃、中核派の北小路《きたこうじ》敏《さとし》が都議会議員に立候補して私や中野さんに推薦人を依頼してきたことがあった。そのことが話題になった時、中野さんは、「ぼくは社共統一の立場だから無理だが、君はなってやったら……」と、あっけらかんとして言ったものである。

また、こんなこともあった。沖縄資料センターの財政について話し合っていた時のことである。すでに書いたように、沖縄資料センターの運営資金は、中野さん自身や、中中野さん人脈の組織や個人にその多くを依存していた。中野さんは、ふと、「石田博英にも頼んでみようかな、と思っているのだが」といった。石田博英は、労働大臣などを歴任していた自民党の、いわばリベラルなグループに属する政治家である。最終的にはどうなったかわからないが、中野さん自身は、一貫して、社共共闘の立場を維持しながら、社会党や共産党も批判することがあったし、自民党や過激派と呼ばれるグループの人間とも、政治的立場を異にするからといって付き合いをためらうことはなかった。

話を『沖縄・70年前後』に戻そう。この本の中で、六九年一一月一三日の沖縄・本土を貫く佐藤訪米抗議・反対・阻止行動の前日の、具志川市(現うるま市)の前原高校における生徒たちの行動を紹介している。私がこの行動を知ったのは、毎日新聞の一面に小さく載った「生徒一五〇名が佐藤訪米阻止、学園民主化を叫んで校庭に座り込み、ハンストに入った」というやや唐突感を与える記事であった。この行動を、私は次のように理解した。

「なぜ一五〇人もの生徒が佐藤訪米阻止を叫んでハンストに突入したのか。もちろんハンストによって物理的に佐藤訪米阻止ができると考えたからではない。それは、現在の国家権力に対する拒絶の意志を、学園民主化要求と結びつけて行動化したと理解すべきであろう。」

「学園民主化要求も重要である。沖縄では教職員会が一貫して復帰運動の牽引車としての役割を果し、反戦やB52撤去をテーマとした特設授業を行なうなど注目すべき動きを示した反面、学力テストがむしろ積極的に受け入れられ、進路別、能力別クラス編成による受験体制がさしたる抵抗なく確立するといった側面ももっていた。そのような状況に照らしてみるとき、高校生の反権力志向が、内なる差別教育の否定に結びついてあらわれたことは注目に値する。」

こんな解説を書きながらも、私が、この生徒たちの闘いを具体的に知り得ていたわけではない。このときのリーダー、生徒会長が山城博治《やましろひろじ》だったことを知ったのは、半世紀近く後のことである。その翌年(一九七〇年)、下校途中の前原高校の女子生徒が米兵にめった刺しにされるという事件が発生する。この事件に対する抗議行動の先頭に立っていた山城博治は、退校処分を受けることになる(『けーし風』第七七号、崎原盛秀・山城博治・新崎盛暉の座談会「沖縄民衆運動の新しい地平を創ろう――運動のなかで摑みとる思想」参照、新崎編著『沖縄を越える』凱風社、二〇一四年にも再録)。

すでに述べたように、『沖縄・70年前後』の原稿は五月末には清書を終え、中野さんや編集者を交えた最終調整段階に入っていた。したがってこの本の本文は、七〇年年頭の全軍労の基地労働者大量解雇撤回闘争までしか記述されていない。しかし、追加入稿した年表には、「5・31　米兵の女子高校生刺傷事件発生。ただちに抗議行動巻き起こる」という項目が書き加えられている。

『沖縄・70年前後』が手を離れた直後の七〇年八月、私は沖縄にいた。特別な目的があったわけではない。沖縄に行くことによって立ち直りのきっかけをつかみたい、という思いがあったからである。というのも、『沖縄・70年前後』の校了の頃から、激しい脱力感、無力感に襲われ、ある種のノイローゼ状態に陥っていたからである。多分、その原因をさかのぼれば、二・四ゼネスト挫折の敗北感が根源にあったような気がする。『ドキュメント沖縄闘争』や『沖縄・70年前後』をまとめることに追われていた時期は、敗北を総括し、闘争態勢を立て直す作業の一端を担っているつもりだった(「本土にとっての沖縄闘争とは――その思想、その体質、その主体を問う」(『月刊総評』七〇年七月号)という短い寄稿文などもその一つだった)のだろうが、それが終わるとどっと疲労感が噴き出してきたのかもしれない。沖縄でも「復帰不安」という言葉が登場してきていた。

沖縄に着いた翌日、金城共同法律事務所に金城睦《ちかし》弁護士夫妻を訪ねた。たまたまその翌日は日曜日で、弁護士仲間と古宇利《こうり》島に遊びに行くので一緒に行こう、と誘われた。古宇利島の海の透明度と、ウニのうまさが印象的だった。行きも帰りも名護の七曲りのあたりは、大変な交通渋滞だった。一方で復帰不安が語られながら、他方では、海水浴客や釣り客の自家用車が渋滞を起こす状況を見ながら、複雑な思いを抱いた。後日、上《うえ》間《ま》正諭《せいゆ》沖縄タイムス編集局長にその話をすると、「テーゲー」(大概、だいたい、おおよその意)というウチナーグチで説明したうえで、沖縄人の耐貧性とでもいうような気質について語った。

このときの沖縄滞在中、米軍の軍法会議を傍聴する機会があった。前原高校の女子生徒の刺傷事件の裁判である。米軍犯罪に対する民衆の怒りをガス抜きしようと考えたのか、この時期、米軍は、米兵犯罪を裁く軍法会議のいくつかを公開したのである。あるいは、この裁判がその最初のものだったのかもしれない。場所は、キャンプ瑞慶覧《ずけらん》の中だった。ともかくこの情報を得て、私は傍聴希望者の列に並んでいた。その列の前の方に居た知花英夫立法院議員が「あなたが傍聴してくれた方がいい」といって順番を譲ってくれた記憶がある。同じ場所に、前原高校生・山城博治もいたはずだが、お互いそんなことを知るのは、四十数年も後のことである。このときのことはあまりはっきりした記憶が無いのだが、幸いなことに、この時期私は、沖縄タイムスのコラム「唐獅子」を担当していて、そこに「茶番の悲劇」(七〇年八月二〇日)という私自身が書いた文章が載っている。

そこには、「先着順四十人のはずの傍聴人も、実質はわずか八人である。優先順位をもつものも、被害者や報道関係者は別にして、警察関係者や米軍関係者とおぼしき人々によって多くを占められていた」と書いてある。結局傍聴者は、交代制で、裁判の一部をのぞき見るということになったようだ。このコラムには、証人として喚問された被害者に対する弁護人(法務将校)による次のような質問が紹介されている。

「あなたは黒人をひとりびとり識別することができるか」
「あなたが攻撃を受けていた時間は十五分ぐらいというがそれは正確か。五分間ぐらいということもありうるのではないか」
「十五分間あなたは抵抗を続けていたのか。抵抗していないときは何をしていたのか」

こんなくだらない質問を紹介した後で私は次のように書いている。「質問が茶番性を強めれば強めるほど、それは、被害者に残酷に突き刺さる。……そこに、被害者の実在する「茶番」の残酷さ、悲劇性がある」と。

裁判はわずか二日で終わって、八月一二日、犯人の米兵に懲役三年(重労働刑)の判決が下りた。

うつの頃

三週間ほど沖縄に滞在して、私は東京に帰った。だが体調は悪くなる一方だった。朝から吐き気がして朝食が食べられない日もあった。それでいて夕方になると体調は回復し、依頼された原稿を書くこともできた。医者に行くと、疲れから来る胃腸障害でしょう、ということだったが、いろいろ検査をした挙句、慢性胃腸炎と十二指腸潰瘍と診断された。薬が処方されたが、精神安定剤も含まれていたところを見ると、医者も根本は、精神的な問題だと判断していたのだろう。

そんなことは本人が百も承知で、自分でもそこから抜け出そうとして、必死にもがいていた。その手がかりの一つとしたのが、ヴィクトール・フランクルの『心理療法の二十六章』である。フランクルはアウシュビッツに収容されていたユダヤ人の精神科医で、一九五六年八月に出版された『夜と霧――ドイツ強制収容所の体験記録』(霜山徳爾訳、みすず書房)はベストセラーになったはずだ。私の持っているのは、翌五七年三月発行の第一六刷である。中身はほとんど覚えていないが、巻末に五七年一〇月二〇日読了と書き込みがしてある。続いて刊行されたのが、『心理療法の二十六章』(宮本忠雄訳、みすず書房。のちに『時代精神の病理学――心理療法の26章』と改題)で、私が持っているのは、五七年九月三〇日発行の第一刷である。この本は、フランクルが、五一年から五五年にかけて、毎月一回、一般向けに行った連続ラジオ講座の二六回分である。この本は、五八年の六月頃読んだという書き込みがある。だが、そのうちいくつかの章は、七〇年九月に再読していることが書き込まれている。その章というのは、「不安と不安神経症について」「不眠について」「不安神経症と強迫神経症について」「メランコリー」などといった項目である。フランクルの著書はいずれも、心が萎えているとき、人に自然と勇気を与える感じがする本だが、それで私が立ち直れたわけではない。

一〇月になると中野さんの紹介で、東大病院の吉利《よしとし》内科を受診した。最初は、アミラーゼの数値が高いので、膵臓に異常がありそうだということだったが、再検査の結果大したことはないということで落ち着いた。そんな時、盛敏叔父(前述、東大農学部教授)から、稲毛の父の所に、「暉ちゃんは神経衰弱だって?」という電話がかかってきた。どうやら盛敏叔父は、医学部の吉利和《やわら》教授と知り合いだったらしい。吉利医師も、内科的異常の根底には、精神的なものがあるとみていたのだろう。

結局これまた中野さんの紹介で、斎藤茂太《しげた》医師の病院へ行くことになった。七〇年も押し詰まった頃か、七一年も明けた頃のことだっただろう。そこでどんな話をしたかは記憶にないが、処方された薬が、赤や青の原色の三角形の錠剤だったことが印象に残っている。

ともかく、病状は、一進一退、波を描きながら、だんだん悪くなっていった。といっても調子のいい時は、原稿を書いたり、講演をしたりテレビに出ることもできた。たとえば、水戸の日本原子力研究所労組に呼ばれて講演をしたり、NETテレビ(現在のテレビ朝日)の、後に国会議員になる秦豊《はたゆたか》がキャスターをしている番組で、山中貞則総務長官と対談をしたのもその頃のことである。だが体調が悪化すると、起き出す気力もなくなり、依頼されていた講演をドタキャンしたこともある。

原稿についても同じことで、何とか原稿用紙の升目を埋めているのだが、わずか一〇〇〇字の沖縄タイムスのコラム「唐獅子」の原稿が書けなくなったこともあった。書くべきテーマすら思い浮かべることができなくなるのである。「唐獅子」は、隔週の木曜日が私の担当なのだが、一一月二六日木曜日には彦根在住の歌人・井伊文子(井伊家に嫁いだ尚家の子孫)の文章が載っている。私が締め切りに間に合わせきれなかったので、編集部が、入稿済みの井伊さんの原稿で急場をしのいだのであろう。その代わり、一一月二八日、井伊さん担当の土曜日に私の原稿が載っている。

そんな時期の私に、もっとも衝撃的な事件が、三島由紀夫の割腹自殺だった。一一月二五日、三島由紀夫が「楯の会」会員らと市ヶ谷の陸上自衛隊総監部で総監室を占拠、バルコニーから自衛隊員に憲法改正のクーデタを訴えたが失敗、割腹自殺したというもので、事件それ自体は、むしろ漫画チックな印象を持って受け止めたような感じがするのだが、割腹自殺という死に方が、何か死それ自体を生々しく、胸騒ぎがするほど身近に感じさせた。逆に、この世の中から消えてしまいたいような心理状態をさまよっている私を、一時的にせよ現実に引き戻すのは、コザ暴動(一二月二〇日)や国頭《くにがみ》村民の米軍砲撃演習実力阻止闘争(一二月三〇日)であった。

その頃大江健三郎から、原稿依頼の電話がかかってきた。大江健三郎は、当時、大田昌秀と一緒に『沖縄経験』という雑誌を出していて、その雑誌への原稿依頼であった。大江さんとは、『沖縄問題二十年』を出した頃からの付き合いである。多分そのきっかけは、朝日新聞が企画した講演会だったと思う。

六五年七月七日付の琉球新報に次のような記事がある。

「「沖縄の戦闘が終わって、まる二十年─。沖縄はいまなお日本本土から引き離され、アメリカの重要な軍事基地になっている。この機会に、われわれは沖縄問題を考えてみよう」──という趣旨で、さる六月二十八日、朝日新聞社主催の沖縄講演会が開かれた。講師は最近、岩波書店から出版された『沖縄問題二十年』の著者・新崎盛暉氏「沖縄問題の過去と現在」と、ことし沖縄を訪れた作家・大江健三郎氏「沖縄に何をしたか。何をしようとしているか？」の両人。会場には六百人におよぶ人たちが詰めかけ、熱心にメモを取る光景も見られた。」

その後、大城立裕の激励会などのパーティーで立ち話をしたり、署名入りの本を送ってもらったりしていた。大江さんからの原稿依頼を、私は立ち直りのきっかけにしようとした。彼の家は、明大前からそう遠くない小田急沿線にあった。さっそく彼の家を訪ね、いろいろな話をした後、近くのレストランで食事までご馳走になって帰った。にもかかわらず、私は、ついに引き受けた原稿を書ききれなかった。後日、中野さんが、「大江君が新崎さんに原稿依頼を蹴飛ばされたと言っていたぞ」と苦笑いしていた。

赤松隊の陣中日記

その半年ほど前、七〇年の一〇月初旬、突然、曽野綾子から電話がかかってきた。彼女とは全く面識はなく、ただ、ひめゆり学徒隊の話をまとめた『生贄《いけにえ》の島』(講談社、一九七〇年)の著者として知っていただけであった。大江健三郎『沖縄ノート』(岩波新書、一九七〇年)もこの年の出版である。『生贄の島』が出たのが三月、『沖縄ノート』が九月である。彼女は、赤松隊の人たちとの付き合いで得た情報と、『沖縄問題二十年』に書かれているいわゆる「集団自決」に関する事実関係の食い違いを確認するために電話をしてきたのである。『沖縄問題二十年』を書いた六五年段階では、私は渡嘉敷《とかしき》島を訪れていたわけではない。私が限られた日数で訪れることができていた離島は、石垣島、宮古島、伊江島だけであった。したがって、渡嘉敷島の「集団自決」の話は、『鉄の暴風』など、ほとんどすべての沖縄戦記に収録されている話として紹介している。その後に出した『ドキュメント沖縄闘争』には、渡嘉敷村遺族会の「慶良間《けらま》列島渡嘉敷島の戦闘概要」を全文収録している。いろいろなやりとりの後、彼女は、事実を正すために赤松隊の陣中日記が出されているから読んでみないか、といった。それからしばらくして、「先日、『沖縄問題二十年』を読んで憤激を覚えました」という手紙とともに、『慶良間渡嘉敷島、陣中日記(付戦死者名簿)、海上挺進隊第三戦隊』という一〇〇ページ足らずのパンフレットが送られてきた。このことについては、すでに沖縄タイムスの「唐獅子」(七〇年一一月一二日)に「赤松隊の陣中日記」として紹介してある。このことに関連する話は、十数年後、さらには三〇年後に再燃することになる。

沖縄返還へ

さて、うつ状態でのたうち回っていたのはいつごろまでだったろうか。多分、七一年の前半がどん底で、後半からは何となく回復期に向かい、年が明け七二年になる頃には、斎藤医師の所に行くこともなく、薬も飲まなくなっていたように思う。時の流れにも助けられていたのだろう。

その間に、沖縄の情勢も世界情勢も急速に変化していた。当時の状況を想い起こすために、いくつかの出来事を列挙してみよう。

七一年五月一九日、全軍労、教職員会、自治労など五四単組が参加して、沖縄返還協定粉砕二四時間ゼネスト、東京・京都など全国二一七カ所で連帯行動。六月一七日、沖縄返還協定調印。屋良主席は、調印式出席を辞退。八月一五日、ニクソン米大統領ドル防衛措置発表(ドル・ショック)。沖縄では変動相場制への移行で、復帰時の通貨交換への不安増大。一〇月一九日、「沖縄国会」冒頭、佐藤首相の所信表明演説中、沖縄青年同盟の三人が、傍聴席で爆竹を鳴らして抗議。一〇月二一日、返還協定批准に反対する統一実行委主催の中央集会(代々木公園)など三一都府県、六〇〇カ所、一五〇万人参加。新左翼系各派、個別に集会、デモ、ゲリラ活動。一〇月二五日、国連総会、中華人民共和国招請・中華民国追放のアルバニア案可決。一一月一〇日、復帰協、返還協定批准反

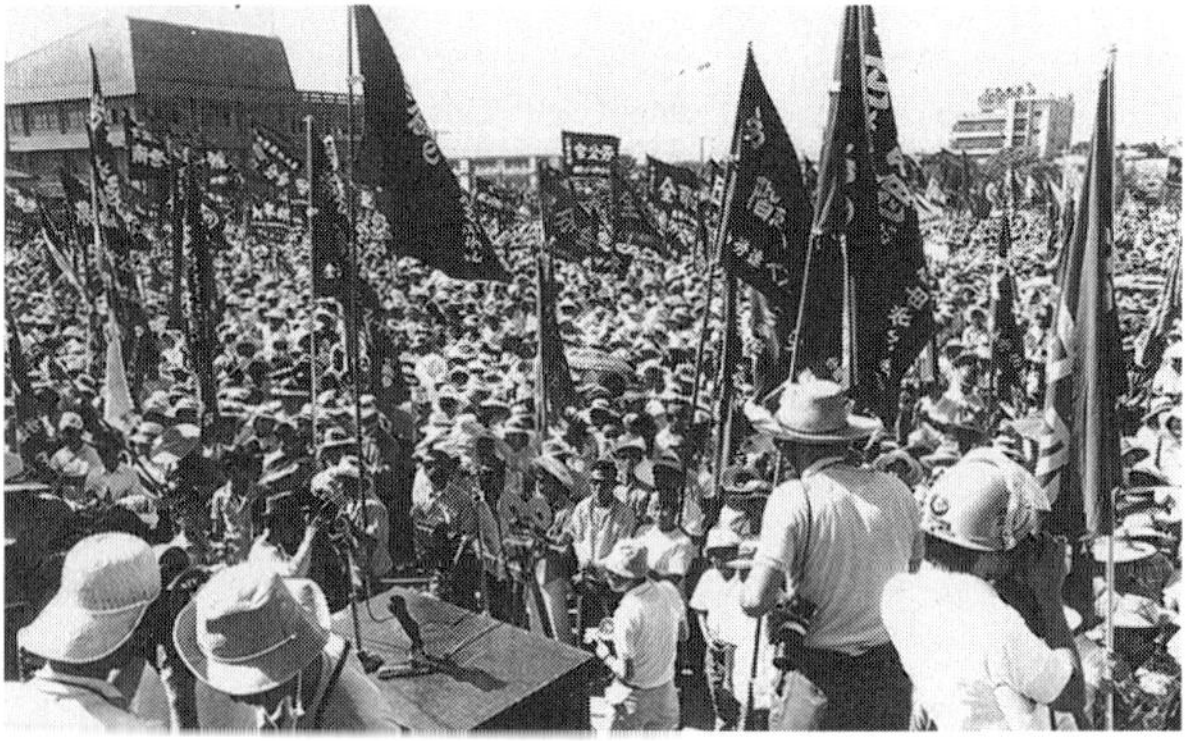

沖縄返還協定抗議の県民総決起大会(1971 年 5 月 19 日)(大田昌秀監修『写真集 沖縄戦後史』那覇出版社, 1986 年刊より).

対県民大会、全軍労・沖教組(九月、教職員会が改組)・官公労など二四時間ゼネスト、新左翼系デモと警官隊の衝突で警官一人死亡。一一月一九日、総評・中立労連など、四四単産二〇〇万人が、沖縄返還協定強行採決抗議の政治スト。代々木公園など四六都道府県九三〇カ所で強行採決に反対する集会などが行われ五三万人が参加。新左翼系各派、各地で火炎瓶闘争、日比谷公園松本楼が炎上。

ある意味ではまさに激動の時代であった。すでに勝負はついていたとはいえ、この時代の闘いが、ヤマトと沖縄にまたがって、大規模に横断的に闘われたことに注目しておきたい。こうした中で、沖縄返還協定が国会で承認され、沖縄関連法案が可決、成立させられていった。こうした時代の動きに私自身がどのようにコミットしていったか、具体的な記憶はない。新宿べ平連の古屋能子らと、救援活動について話し合った記憶はあるが定かではない。書いたものとしては、『現代の眼』(七一年八月特別号)に載っている「沖縄の戦後史——帝国主義的再編と人民の抵抗史」＊がある。『現代の眼』は、この号を「全特集・沖縄」と銘打っていた。「帝国主義的再編と人民の抵抗史」というサブタイトルも編集部によるものである。二段組み四〇ページの文章に、三段組み一五ページの沖縄戦後史年表を付した、かなり長大なものである。三つの資料集の編纂が基礎にあり、『沖縄問題二十年』や『沖縄・70年前後』の再構成にすぎないと言えないこともないが、この時期によくこれだけの仕事ができた、とも思う。長い文章は、「果てしない闘いの時代への自然発生的な突入が一二・二〇行動(コザ暴動)であったとするならば、五・一九ゼネストは、その自覚的な幕開けといえるかもしれない」と結ばれており、年表は、「6・17　沖縄返還協定調印。東京、那覇ほか全国約三〇〇カ所で十数万人が反対行動。逮捕者八五〇名」で終わっている。いずれにせよ、既定事実となった沖縄返還を超える展望を模索せざるを得なくなっていたのである。もう一つ、この時期には、少なくとも左派的政治勢力の間では、沖縄返還をめぐる問題が、「沖縄問題」ではなく、「日本の問題」だったことも見落とさないでおこう。

沖縄資料センターをどうするか

沖縄返還が既定のものとなった時、沖縄資料センターもまた、その在り方を検討しなければならなくなった。沖縄資料センターは、一九六〇年、中野好夫を中心に、沖縄を知るための私的機関として設立された。すでに引用、紹介している『図書』(七一年九、一〇月号)の「沖縄資料センターのこと――回想風に」を書く五年前、中野さんは、六六年三月号の『世界』に、「資料を集めて六年――沖縄資料センターのこと」という文章を書いている。『世界』では、資料センターへの協力や資料センターの活用を呼び掛けているが、『図書』では、一〇年を超す資料センターの活動を振り返りながら、復帰を区切りに公的機関に移管したいという方針が述べられている。『世界』の文章が書かれてから、『図書』の文章が書かれるまでの五年間に、沖縄資料センターをめぐる環境は、大きく変化したのである。

沖縄資料センターの今後をどうするか、という検討が最初に行われたのは、私の記録によれば、七〇年一一月七日、中野好夫宅に、高橋実、小川壽夫、由井晶子、私、我部政男の五人が招集された時だったと思う。実は、このころ「沖縄資料ニュース」は休刊状態にあった。翌年二月に発行されたNo. 96の「事務局だより」には、「事務局の屋宜が病気したのがきっかけで、「沖縄資料ニュース」の刊行が止まってしまいました」とその理由が書かれている。結局、屋宜宣仁は沖縄に帰り、多分一定の空白期間をおいて、仲里効《なかざといさお》が後を引き継ぐことになるのだが、そうした内部事情も、中野さんに資料センターの移管を急がせたのかもしれない。

当時の法政大学総長・中村哲《あきら》は、憲法研究会の月例会の席上、中野さんからその話を聞いたという。中村哲は、この話を契機に自らの研究所構想を実現しようとした。「当時の大学の経営事情からして、この種の研究所の設立には、消極的とならざるを得なかったので、沖縄関係の資料の寄贈を理由として「世界のなかのアジア文化研究の一拠点とした南方文化研究を進め」るという名分で理事会の了解を得た」(「沖縄文化研究所の設立縁起」『沖縄文化研究』12)という。

さらに中村哲は、次のように書く。

「中野氏は学術研究をすることを望むのではなく、資料の保管を続けてほしいということであったが、大学の付置機関としては研究に重点をおく以外では了解されることがむづかしかった。ことに中野氏は、政治関係や社会関係を中心として、センターのスタッフも引き受けてほしいということも私にいわれたが、沖縄の研究に政治色がからむ可能性があり、法、経、社会等の学部を持っている大学としては、大学紛争時ではあり、慎重とならざるを得なかった。それで、文学部において外間《ほかま》教授によって開講されていた沖縄言語研究の実績があるのをふまえて、これをひろく文化関係に拡大することにした。」(前掲「沖縄文化研究所の設立縁起」)

外間守善は次のようにいう。

「沖縄タイムス社の由井晶子記者から、中野先生の主宰なさる「沖縄資料センター」を閉じるにあたって文献資料のすべては東京に残したいという中野先生の御意向である。できれば、大学などの公的機関に寄贈したいということだが、法政大学はどうだろうか、という話がもたらされた。

私は、ちょうどその数年前頃から、琉球大学にあった「琉球大学沖縄文化研究所」が、いつのまにか有名無実になりつつあることに慨嘆すると同時に、それにかわる沖縄研究のセンターを東京にも作りたいと考えるようになってきていた。……そういう時期だったので、中野先生の意をうけた由井さんは、私に「沖縄資料センター」のことを持ちこんできたのではなかっただろうか。

ただ、当時の私が心がけていたのは、純粋にアカデミズムの立場に立つ沖縄研究であり、人文科学の領域に根ざした研究センターを作りたいという念願であった。その意味では、思想的立場を明確にして沖縄にアプローチし、米軍の占領下にある沖縄の時事資料を収集していた「沖縄資料センター」の志や機能とは、少しばかりへだたりがあったのである。」(「「中野好夫記念文庫」のいきさつ」『沖縄文化研究』12)

そこで外間さんは、自らの研究所構想を中村総長はじめ学内関係者に話し、その同意を得たうえで、「沖縄資料センター」とのかかわりについて中野さんの考えを聞くことにした。そこで中野さんは、次のように語ったという。

「「沖縄資料センター」は戦後十年、一定の役わりを果たしてきたと思う。ちょうど復帰も実現したことだし、ここいらで一つのくぎりをつけたい。「沖縄資料センター」の資料のすべては法政大学に無償で提供したい。大学の研究所が学術研究を軸にして運営されていくことは当然なことである。ただ、提供する資料は、一般の人たちにも広く開放して活用してほしい。できるものなら、資料の整理や活用のできる若い人が入るといいのだが……。」（前掲「「中野好夫記念文庫」のいきさつ」）

こうした沖縄資料センターの法政大学への移管の動きに対して異を唱えたのが、資料センターを足場に学習会などをしていた沖縄出身者を中心とする学生グループである。彼ら彼女らは、資料センターの志と機能を自分たちが引き継ぎたいと申し出たのである。大学闘争の余韻が残る時代である。中村哲や外間守善が、政治性を帯びることをことさら避けようとしたのとは逆に、学生たちは、大学の持つ閉鎖性を懸念していた。大学の機関が、社会に開かれた沖縄資料センターの機能を引き継げるとは思えなかったのであろう。

だが、彼らの熱意は評価するとしても、彼らに、財政面を含む組織運営を継続する実務能力があるとは、とても思えなかった。結局私たちは、彼らの志も尊重して、学生の学習会等で活用しやすい、一般図書、書架二、三台分は彼らに譲り渡し、基本資料約四〇〇〇点は、法政大学に寄贈した。この資料受け入れをもとに、七二年一〇月、法政大学沖縄文化研究所が設立された。沖縄文化研究所に、学外者が利用できる閲覧室が設けられたのは、中野さんの意向を受け入れてのことだろう。

一方同じころ学生たちも、目白の日本女子大近くの卯月荘というアパートの一室で沖縄資料室を立ち上げ、「沖縄資料ニュース」を発行したり、学習会を続けることになった。日本女子大近くに拠点を設けたのは、グループのリーダーの一人が日本女子大の大学院生だったからだろう。私の手許には、沖縄資料室が発行した「沖縄資料ニュース」が、七二年一一月一日付のNo.1から、七三年三月一日付のNo.5まで残っている。だが、一人一カ月二〇〇円の会費だけで、アパートの一室を確保することは困難だったのだろう。やがて沖縄資料室は、法政大学の学生会館のサークル室に場所を移転した。沖縄資料室がいつまで活動を続けていたかは、私自身が翌七四年には沖縄に移住したこともあり、定かではない。このグループの何人かは、明大前の私のマンションまで訪ねてきたこともある。その後の人生で彼ら彼女らと再会することはなかったが、その後それぞれ、どのような人生を送ったのだろうか。ふと、想い起こすことがある。

ここで中村さんの思い違いについて、少しだけ修正しておきたい。中村哲は、次のように書いている。

「たまたま、大学紛争の最中であって、資料の蒐集《しゅうしゅう》が諸大学の学生など若い人々の協力によって行われていたために、一大学にもって来ることについて少からずトラブルがからんだので、移管に反対して、自分たちの手におくことを要求した図書、資料類のすべては、その人々の希望に応じて、移管の処理をするほかはなかった。このため資料センターから引き継ぐことになったのは、主として新聞類ということになり、そのほとんどが法政大学の手で図書類を再蒐集するという必要を生じた。」

（前掲「沖縄文化研究所の設立縁起」）

すでに書いたように、学生たちに譲り渡されたのは、購入等により比較的入手可能な一般図書だけであり、それは私たち、というよりも中野さんの判断によるものであった。法政大学に移管された資料については、沖縄文化研究所が八二年に刊行した『沖縄資料センター目録』に明記されているとおりである。

一〇　沖縄返還と大学統合問題

『沖縄の歩いた道』

一九七二年五月一五日、沖縄闘争敗北の結果として、沖縄は日本に返還された。日本の外側から日米安保・日米同盟を支える役割を振り当てられていた沖縄は、日本の中からこれを支える支柱として位置づけなおされることになった。したがって五・一五沖縄返還は当然新しい闘いの起点を意味した。

五月一五日当日、私は何をしていたのだろうか。当時の手帳には、「9:40〜11:00 TBS」と書いてあり、その一〇日ほど前にも、「TBS打ち合わせ」というメモがあるから、おそらく、TBSテレビで、「五・一五」の捉え方について、何事かを語っていたのであろう。ただそれが、討論会のようなものだったのか、映像解説のようなものだったのかは、まったく記憶にない。夕方は、都内狛江《こまえ》の公民館で話をしていたようだ。

復帰後最初のまとまった仕事は、『沖縄の歩いた道』(ポプラ社、一九七三年)である。小

『沖縄の歩いた道』表紙(ポプラ社, 1973年3月刊).

学上級から中学生向けのシリーズものの一冊であった。この本の「はじめに」には、次のようなことが書いてある。

「この本は、沖縄の歴史について書いた本です。といっても、歴史のながれにそって、発生したいろいろなできごとを、まんべんなくならべているわけではありません。歴史のまがりかど、転換期に焦点をあてた本です。」

「(この本は)沖縄の歴史についてかんがえるための本です。というよりもむしろ、沖縄の歴史をとおして、歴史や政治について、さらには、歴史や政治をうごかす思想について、かんがえてもらうための本です。」

こうした意図で書く本だとは言っても、沖縄の歴史の全体像、言語を含む文化の総体について、一定の知識を持っている必要がある。私にとってこの本を書く過程は、沖縄に関する再学習の過程でもあった。この本は、七三年三月に第一刷が出て、九二年八月に第一六刷が出ているが、最初の頃は、増刷のたびごとに手を入れていた。
この本を宮崎の国場幸太郎さんに送ると、折り返すように、国場さんから、次の世代に「これだけはぜひ語り伝えておきたいと考えている沖縄の歴史」をまとめた『沖縄の歩み』(牧書店、七三年)が送られてきた。国場さんは、「まえがき」で次のように書いていた。

「沖縄を見る目は、日本を見る目をするどくすると、よくいわれます。沖縄の歴史を知ることは、沖縄の現実を理解し、沖縄の将来を考えるのに必要なだけではありません。それは、また、日本の真実の姿に照明をあて、日本の前途を考えるためにも必要なことです。」

歴史の節目にはみんな同じようなことを考えるのだな、と思ったが、この本は、国場さん自身が体験した伊佐浜の土地闘争やCIC(米軍防諜部隊)による拷問など、国場さんでなければ書けない貴重な体験が織り込まれていた。さらに言えば、国場・新里論争以来、沈黙を守っていた国場さんが久方ぶりに公刊した文章でもあった。

沖縄大学の自主存続闘争

七二年の暮れか、七三年の初めごろだと思うのだが、『沖縄の歩いた道』がほぼ完成に近づいていたころ、由井晶子さんから電話があった。復帰措置の一つとして、私立大学の統合問題が起こっており、その政策に反対する沖縄大学が自主存続の運動をしているので、応援してやってはどうか、といったことだったと思う。その頃私は、琉球大学には、宮里政玄をはじめ何人かの知人が居り、大学紀要なども読んでいたのだが、沖縄大学についてはどんな教員がいるのかも知らなかった。『ドキュメント沖縄闘争』で、沖大学園闘争を取り上げていたが、これについてもこの項目を担当した渡名喜明の方がはるかに詳しく、私の沖縄大学についての知識は、せいぜい彼を通じて得た範囲にとどまっていた。

復帰・沖縄返還が具体化してきた時、沖縄には、三つの大学があった。米軍指令によって五〇年に設立され、当時は琉球政府立になっていた琉球大学(首里)と、五八年に私立の短大として設立され六一年に四年制大学となった那覇市の沖縄大学と、二番手の私立大学として六二年にコザ市で設立された国際大学である。米軍政下で設立されたこれらの大学は、施設も教員組織も貧弱で、いずれも日本の大学設置基準を満たしていなかった。日本政府は、琉球政府立琉球大学は国立大学に位置づけ、政府の責任で基準の充足を図ることにした。琉大内部では、県立大学という選択肢も話題にはなったようだが、ほとんど問題にされなかったらしい。

沖縄大学と国際大学の二つの私立大学に対して文部省は、二つの私大を一つに統合し、国の補助金や特別融資一八億円で設置基準の充足を図るという考え方を、仲介役の大浜信泉・南方同胞援護会会長の私案として提示した。設立当時寄付予定者が資金を寄付しなかったり、立地条件の悪さもあってすでに経営難に陥っていた国際大学は、大浜私案に飛びついたが、経営的にはそれなりに成り立っていた沖縄大学には、建学理念の異なる私大統合には強い抵抗感があった。復帰の段階で約三億円の負債を抱えていた国際大学の学長が大浜会長に泣きついたところから問題が始まったともいわれている。

沖縄大学は、七〇年八月、五カ年で、日本の大学設置基準を達成するという計画を立て、そのための図書館建設費の一部(一億二〇〇〇万円)の長期融資を要望していた。普通であれば、こうした要望を検討しつつ、一定の時間をかけて基準の充足を図るのが筋だろうが、政府も沖縄側の教育関係者も、沖縄に二つの私立大学は存立しえないと判断していたようだ。大浜私案に反対する沖縄大学と、白紙委任した国際大学の見解を受けて、琉球政府私立大学委員会は、大浜私案支持の立場を明らかにし、両大学に対し、「主体的に話し合い、一つの大学に出来るよう努力してもらいたい」という「勧告(助言)」を行った。

こうした状況の中で、七一年三月二三日、政府は、復帰対策要綱第二次分を閣議決定した。その中で、私立大学の扱いを、次のように発表した。

「復帰までの間に、本土の大学の水準に達することができるよう統合その他の必要な整備をはかり、復帰の際、本土の学校教育法による大学となるよう措置するものとする。……復帰までに、所要の整備が行われていない大学については、復帰時の在学生が卒業するまでに限り、本土の法令による大学とみなす経過措置を講ずる。」

この閣議決定を受けて、三月三〇日、大浜信泉が来沖し、四月一日、琉球政府私立大学委員会委員長を会長とし、両大学の理事長、学長、教授会代表などからなる沖縄私立大学復帰対策協議会を発足させた。協議会は、翌五月六日に発表された沖縄私立大学復帰対策要綱(第四次大浜私案)に基づいて統合委員会を立ち上げ、両大学教授会代表による統合検討作業に入った。当初独自存続を構想していた沖縄大学も、権力と金力に先導されて既成事実化する統合作業に抵抗感を持ちながら追随させられていったという所だろう。統合委員会は、五月二六日から七月一一日までの間に一〇回以上開かれたが、理事長と学長の位置づけなど、見解の食い違いも少なくなかったようだ。こうした中で沖大では、教授会と事務職労、学生自治会などの見解の相違も浮き彫りになり、学生自治会代表が統合反対を主張して統合委員会に押しかけるといったことも起こった。

沖縄大学では、理事会の独善的な大学運営に対して、教授会、事務職労、学生自治会が一体となって闘った民主化闘争の歴史があった。三者が協力して大学の自主管理を行ったこともあった。民主化闘争が一応の決着を見た時点で起こったのが沖縄返還と絡む統合問題である。この時期は、前章でも触れたように、沖縄返還協定粉砕ゼネスト→返還協定調印→返還協定批准反対県民大会→返還協定強行採決といった激動の時代であった。政府が、返還政策の一環として、それぞれ独自に設立された二つの私立大学を支援するのではなく、多額の補助金をちらつかせて私大統合を迫るのはなぜかという疑問が高まり、復帰を機会に、政府がある種のモデル大学(中教審大学と呼ばれていた)を作ろうとしているのではないかという見方も生まれた。

七二年一月二八日に開かれた沖縄大学の教授会は、「新設大学設立案と沖大存続案の両案を認め、自由意思によってそのいずれかを選択し、それぞれの立場に干渉しないことを全会一致で確認」した。民主的といえばそれまでだが、いかにもリーダーシップの欠如を露呈した決定であった。そうはいっても、教授会内部には、国際大学の非常勤講師をしていたり、国際大学教員とさまざまなつながりを持つ人たちがいて、「瀕死の重傷者(三億円の負債を抱える国際大学)を見捨てて前に進むのか」といった発言もなされていたというから、ことはそれほど単純ではなかったのかもしれない。教授会は、新設大学に参加する者と、独自の存続を目指す者と真っぷたつに割れた。新設大学への参加者には、沖大の自主存続案が大学規模の縮小を伴っていたため、居場所が失われると感じた人たちもいたようだ。いずれにせよ、教授会の半数と、事務職員の三分の二、学生の九五%は、大学の規模を縮小し、単科大学として組織整備を進め自主存続を追求することになり、教員の補充なども進めはじめた。七二年沖縄返還政策に反発する沖縄の世論や復帰協加盟の多くの組織・団体も、沖縄大学の立場を支持した。

一方、沖縄大学の意向に関係なく、政府に後押しされた新設大学設立への準備作業は進み、新設大学名も「沖縄国際大学」と決定した。七二年二月一九日、琉球政府私立大学委員会に提出された沖縄国際大学の認可申請は、大学の実体は何もないままに、わずか五日後の二四日に認可された。

七二年四月二八日、政府は、先の(七一年三月の)閣議決定を踏まえた政令一〇六号を公布(施行は五月一五日)した。そこには、「沖縄の学校教育法の規定により設置されている沖縄国際大学並びに沖縄国際大学短期大学部、沖縄キリスト教短期大学および沖縄女子短期大学は、それぞれ学校教育法の規定による大学又は短期大学となるものとする」とされ、さらに五月一五日に公布施行された政令一九二号によって、沖縄大学は、在籍学生のいる向こう四年間は本土法による大学とみなされるが、新入生の募集はできないことになった。

このため沖縄大学は、東京地裁に政令の一部取り消し、一部無効確認請求の訴訟を起こしたり(八月)、教職員が文部省前で座り込みを行ったり(一二月)、といった抗議行動を展開した。一二月二一日には、那覇市与儀《よぎ》公園で、沖縄大学・沖教組・県労協共催による「沖縄大学の存続をかちとる県民総決起大会」が開催されていた。沖大存続闘争の支援の輪は本土でも次第に広がり、総評も拡大評議会で「沖大存続支援決議」を満場一致で採択した。

由井晶子さんから電話があったのは、こうした時期であった。当時私は、大学の在り方を根底的に見直すことを求めた大学闘争の余韻が残る時代的雰囲気もあって、大学存続の応援ということにあまり乗り気ではなかった。だいたい日本には大学が多すぎると思っていた。だが由井さんとのやり取りの中で、私の気持ちは変わっていったように思う。その最も大きな要因は、由井さんの「大学がつぶれるのは勝手だけど、文部省につぶされるのをあなたは黙って見ておれる？」という言葉だったように記憶し、そんなことを書いたこともある（内山秀夫・栗原彬編『昭和同時代を生きる　それぞれの戦後』有斐閣、一九八六年）のだが、後日、由井さんから、「そんなこと言った覚えはないわよ」と否定されているから、私の思い違いかもしれない。いずれにせよ、こうしたいきさつもあって、私たちは、「沖縄大学廃校処分撤回闘争を支援する会」（以下「支援する会」）を立ち上げることになった。

「沖縄大学の存続をかちとる県民総決起大会」(1972年12月21日)(沖縄大学50年史編集委員会編『目で見る沖縄大学50年の歩み』2008年刊より).

「支援する会」と存続闘争の方向転換

残されている資料によると、七三年一月一三、一七日と準備会を開き、二月六日が「支援する会」の発足集会ということになっていて、「沖縄大学廃校処分に反対する声明」を発表している。この声明には、学者、ジャーナリスト、学生や一般市民など、七〇名ほどが名を連ねていたと思う。その中には、卯月荘に拠点を置く沖縄資料室の学生たちもいた。この声明への賛同を呼びかけた人たち以外にも、高柳信一東大教授が、「沖大の行政訴訟提起の権利を認める鑑定書」を東京地裁に提出したり、法政大学文学部の教員三二名が大学存続支援の署名とカンパを送る(これは、「支援する会」にも名を連ねていた小田切秀雄教授の提案によるものだったはずだ)など、支援活動はそれなりの広がりを見せた。四月三日には、星野安三郎東京学芸大教授を中心に、文部省(佐野高等教育計画課長)に対して七三入学生(七三年度入学生)の身分保障を申し入れたりもしている。沖大が、文部省の学生募集禁止の圧力を無視して新入生募集に踏み切るころから、ヤマトのメディアなどでもそれなりに、取り上げられるようになった。たとえば、東京新聞の「沖縄大、苦悩の新学期」〈こちら特報部〉(七三年四月九日)などは要領よくことの経緯をまとめている。

四月八日、「支援する会」は、呼びかけ人・会員総会を開き、準備段階から活動にかかわってきた一五名で事務局を構成し、代表世話人には、井上清京都大学教授、永井憲一立正大学教授、宮崎繁樹明治大学教授、比嘉春潮《ひがしゅんちょう》、星野安三郎、私などが顔を並べ、私が事務局長を兼ねることになった。この段階の会員は、四七名、事務所は、新日本文学会館に置かせてもらっていたようだ。

準備段階で世話人の顔ぶれを見た時、私は、高齢の比嘉春潮さんをこの問題に巻き込むことにためらいがあった。というのも、大学統合に積極的な国際大の教員には、人民党↓共産党系の人が多く、学生自治会はいわゆる革マル系であるのに対して、沖大学生自治会はいわゆる中核系であるといった事情もあり、政治的ないざこざに巻き込まれる可能性もないとはいえなかった。そこで「こうした煩わしい問題は私たち若手に任せていただいて……」と婉曲に世話人辞退を勧めるハガキを出したのだが、春潮さんからは、「高齢で何もできませんが、世話人に名前を連ねることで何かのお役にたてれば……」という趣旨の「愚直な沖縄人」そのものの返事が返ってきた(ウチナーンチュの特性を愚直と表現したのは、比嘉春潮である)。

余談になるが、比嘉春潮さんについては、面白い思い出があった。多分、新里恵二さんに連れられて、はじめて杉並のお宅に伺った時のこと、初対面の挨拶の中で春潮さんは、いきなり「新崎さんは、毛氏ですね」といった。小さい時から、身内の間では、とくに盛敏叔父などから、「暉ちゃんは、護佐丸《ごさまる》から一六代」といった話を聞かされていたし、家には、『毛氏先祖由来伝』(毛姓学事奨励会、一九三七年)というパンフレットなどがあったのは知っていたが、初対面の挨拶の中で毛氏が登場するとは、思ってもみなかった。沖縄社会では、現在でも、日常会話の中に毛氏が出てくるんだ、と感心したものである。

ところで、三月中旬から四月の会員総会直前まで、私は、沖縄に居た。復帰後の沖縄を見ておきたいということもあったが、沖大や沖国大の関係者に直接話を聞いておきたいということもあった。すでに沖縄に帰っていた我部政男、比屋根照夫、岸本建男、渡名喜明の四人が、創業まもない居酒屋「うりずん」で歓迎会を開いてくれた。このとき岸本君から聞いた彼らの地域創りの話を『月刊エコノミスト』七三年五月号の「沖縄の新しい芽」という短いエッセイで紹介している。

さて、肝心の沖大の問題については、沖大の教職員や学生、沖国大の関係者や学生にも話を聞き、沖国大の学生に案内されて、普天間基地(宜野湾市)に隣接するプレハブで急造された校舎も見に行った。沖教組や地元紙の友人たちにも話を聞いてみた。さまざまな見方があったが、大筋でいえば私たちの「廃校処分反対」の声明を修正する必要はないように思えた(そのことは帰京後、「「復帰の矛盾」を象徴する沖縄大学問題」『月刊エコノミスト』七三年六月号にまとめてある。また、沖縄全体の状況については、「現地報告・崩壊した沖縄社会」『週刊エコノミスト』七三年五月二九日号を書いている)。

ところが、七三入学生の募集の頃をピークに、沖大の存続闘争は大きく方針転換する。

政令の無効確認訴訟を取り下げ、大学設置認可申請を出すことにしたのである。当時の佐久川政一学長は、決定打は、裁判所の見解だった、と次のように書いている。

「七三年二月初旬、東京地裁の高津環裁判長に呼ばれ、非公式面談の中で、「裁判というのは五年も一〇年もかかるかも知れませんよ。あなたの大学はそれまで持ちこたえられますか、……訴えを取下げて認可申請をしたらどうですか」といわれたという。」（「沖縄大学はいかにして存続を可能ならしめたか」沖縄大学50年史編集委員会編『目で見る沖縄大学50年の歩み』沖縄大学、二〇〇八年）

文部省も、政令の撤回や修正はできないが、認可申請をすれば、特殊事情を勘案して便宜を図ると、認可申請に誘導しようとしていた。教授会でも、「認可申請は統合を認めたことになり、敗北ではないか」という意見や、「一二月段階までは、私大は一校しか認めないと言っていた文部省から、二校認めるような発言を引き出したという意味では、必ずしも敗北とは言えない」という意見が飛び交ったようだが、結局、実質的に存続すればよいという意見が大勢を占めたようだ。学生自治会は、「認可申請は文部省に対する屈服」という原則的立場を維持していた。

「支援する会」は、二階に上がってはしごを外されたような状態になった。何回か事務局会議を開いて、拡大事務局会議という名称で総会に準じた集まりを持ち、これからの会の在り方を決めようということになった。拡大事務局会議は、九月二一日に、池袋の豊島振興会館会議室で行われることになった。八月二九日付の「拡大事務局会議のお知らせ」では、沖大が六月三〇日に認可申請書を提出したことについて、次のように説明している。

「このような局面の変化があらわれた背景には、沖大廃校処分撤回闘争の一定の盛りあがりによって沖大問題が政治問題化することに苦慮した文部省当局が、従来の基本的見解(沖縄の高卒進学希望者の現地大学への進学率等から判断して、沖縄には私立大学は一校あればよい)を変化させてきた、という事情もあります。

しかし、より重要な点は、この変化の直接的要因が、沖縄大学の財政的ひっ迫に起因していることです。つまり、文部省の新入生募集禁止による入学者の大幅な減少(定員四百名に対して入学者約百三十名)、私学振興財団からの融資保留(学校法人と文部省が係争中であるという理由)、市中銀行からの融資ストップ(文部省に認められていない不安定な大学であるという理由)等が、沖縄大学を財政的に圧迫し、この財政ひっ迫が、沖縄現地及び本土の沖大支援闘争の力量不足とも関連して、沖縄大学に、長期的な法廷闘争等の困難性を意識せしめ、一歩後退による事態収拾を余儀なくさせた、といってよいでしょう。」

世話人の間でも意見は分かれた。井上清は、出欠確認のハガキに次のように書いてきた。

「旧沖大の廃校を認めて新沖大申請というコースは、多分教職員の大勢を占めるようになるだろう、また、それなら沖縄のいわゆる「世論」の支持も得やすいだろう──ということは、あらかじめ予想したことです。しかし私は、学生自治会の原則的立場を支持します。というのは、新設沖大の認可を受けて実質的に統合粉砕を目指すなどということは、頭の中で考えられるだけのことで、実際は、中教審路線粉砕、沖大とりつぶし反対という今までの闘いとは、新設沖大の闘い(もしあるとして)は別のものになるでしょうから、私としてはそれにかかわりあう意義を残念ながら見出しかねます。」

逆に宮崎繁樹は、「沖大に認可がおり、沖大が沖縄における文化活動の中核として発展するよう祈っております」と書いてきた。事務局会議にも顔を出す常連の代表世話人は、私と永井憲一だったが、永井さんも実質存続を強く支持した。さらに事務局会議では、私個人にかかわる問題も論議された。というのは、沖大が認可を申請するにあたって、私にも教員として名を連ねてほしいと要請してきたからである。沖大は、統合大学参加派と、自主存続派に分裂した後、経済学者・伊東光晴らの協力もあって教員補充に努め、数の上では元の状態(三六人)に戻っていたが、大学設置基準を満たすためには、なお一八名の教員を必要としていた。永井さんは、ご自分が二部出身であることも引き合いに出しながら、沖大が、二部勤労学生の教育に貢献してきたこと、またこれからも特に勤労学生が学ぶ場として重要な役割を果たすだろうことを強調し、熱心に私に沖大行きを勧めた。

もともと私は、大学卒業と同時に沖縄に自分の活動の場を求めようとしていた。しかし、米軍政下の沖縄に行くことは不可能だった。中野さんや国場さんに励まされて、「沖縄闘争の伴走者としての物書き」的役割を担って活動してきたつもりではあったもものの、安全地帯に身を置いているという後ろめたさからは抜け出しきれないでいた。米軍政下からは脱したと言え、沖縄が抱えている本質的問題は何一つ解決していなかった。沖縄資料センターもその役割を終えた今、沖縄から招かれてそれに乗らない理由はなかった。それに私は、『沖縄の歩いた道』を書きながら、本格的に沖縄戦後史、民衆闘争史を総括する必要を感じていた。さらに、戦後史だけでなく、近現代史を一貫して捉えることの必要性もあった。そのためにも、沖縄行きは一つのチャンスでさえあった。

私は、佐久川学長に「ぼくが大学の教員として通用するんですか」と尋ねてみた。彼は、「何冊も著書があるから大丈夫です。沖大には、著書のある教員は一人もいませんから」と変な太鼓判を押した。

沖大が認可申請を出してしばらくすると、文部省から、「新設大学の教員になると完成後一年、つまり五年間は他の大学に移ることはできない」と念を押す通知が来て、「沖縄に移住する」ことを確約する誓約書を取られた。

板垣雄三さんとの出会い

私たちが沖大存続問題に巻き込まれてバタバタしているころ、世界情勢はどう動いていただろうか。身近なところではニクソン訪中(七二年二月)に引き続くベトナム和平協定調印(七三年一月)などがあったが、別の意味で衝撃的だったのは、五・一五から半月後の五月三〇日、パレスチナ解放人民戦線(PFLP)の日本人兵士・岡本公三・奥平剛士・安田安之の三人が、テルアビブ空港を襲撃したという事件であった。この年には、ミュンヘン・オリンピック選手村のイスラエル選手宿舎がパレスチナ・ゲリラに襲撃されるといったことも起きている。重信房子の名前などが新聞紙面に登場してくるのもほぼ同じ時期だっただろう。そして七三年一〇月には、第四次中東戦争が起きた。そしてOPEC(石油輸出国機構)はアメリカなど親イスラエル国向けの石油生産を削減する石油戦略を発動し、日本では、第一次オイルショック騒動が起きた。当時の田中(角栄)内閣は、閣議で、イスラエル軍の全占領地からの撤退支持など親アラブ政策を決定、官房長官談話を発表した。「アブラ欲しさのアラブ外交」などと揶揄《やゆ》する声もあったが、その頃までは、日本の政治も、それなりの主体的選択ができる時代だったのかもしれない。

それでは私自身は、中東・パレスチナ問題をどのように受け止めていたのだろうか。島ぐるみ闘争の頃、アラブ民族主義にある種の共感を持っていたことはすでに述べたが、イスラエルやシオニズムに対してそれほど厳しい眼はむけていなかった。一つには、アウシュビッツを生き延びたヴィクトール・フランクルのような人たちのヒューマニズムに感銘を受けていたこと、もう一つは、キブツという社会主義的共同体に強い関心を持っていたことがあったように思う。そうした見方を転換させたのは、イスラエルが、先制攻撃でガザ地区をはじめ、占領地を一挙に拡大した六七年六月の第三次中東戦争ではなかっただろうか。

したがってこの時期には、パレスチナ解放人民戦線に身を投じた若者たちの心情をある程度理解できる気がしていた。重信房子が、高校時代には「小さな親切運動」に熱心だったという新聞記事にも納得がいった。そんなこともあって、私の書架には、『天よ、我に仕事を与えよ――奥平剛士遺稿』(奥平剛士遺稿編集委員会編、田畑書店、一九七八年)が残っている。

その頃、その頃というのは、板垣雄三さんの記憶では七〇年の一〇月頃なのだが、渋谷の東京山手教会で、板垣さんたちが主催するパレスチナ問題に関する集会があった。私がこの集会に出かけた直接のきっかけはよく覚えていないが、多分、板垣さんが書いたものを読んだことにあると思う。中東・パレスチナ問題について発言している人の生の声をきいてみたいと思ったのかもしれない。うつの頃の初期ということになるが、気分の具合によっては、こうした集会に顔を出す気力は残っていたのだろう。

板垣さんは、中野好夫さんの東大での終わりの頃の講義を聴講したこともあり、沖縄資料センターのことも耳にしていた関係で『沖縄問題二十年』や『ドキュメント沖縄闘争』も読んでくれていたという。『ドキュメント沖縄闘争』は、棗田金治と同じ団地に住んでいたので、彼からもらったのだという。

ずいぶん集まりの悪い集会で、小さな懇談会のような感じになった。一聴衆のつもりで参加した私にまで、「民衆運動におけるナショナリズムの限界」といったことをぼそぼそと発言させせられる始末であった。いずれにせよ、沖縄闘争の敗北の総括、沖縄戦後史の総括の過程で、中東・パレスチナが改めて私の視野に入ってきたのは確かであった。

いざ沖縄へ

七三年暮れ、沖縄戦後史総括の試みは、沖縄タイムスに「試論・沖縄戦後史」というタイトルで連載してもらえることになった。七三年の暮れから翌年の正月にかけては、そのための資料の読み込みや原稿の書き溜めで大忙しであった。連載第一回は、七四年一月三日であった。そんな時、沖縄大学の佐久川学長から、二月一日付で、沖縄大学が正式に認可されることになったという連絡が届いた。半信半疑だった沖縄行きが突如現実化した。

私の沖大赴任の話を聞いて、義父の吉田嗣延は、「君はつぶれると決まっている大学に行くのか」と烈火のごとく怒った。私は、「義を見てせざるは勇無きなり」とケロッとしていた。私にとっては、沖大に行くことよりも沖縄に行くことが重要であった。その頃の私は、沖縄タイムスの連載も始まり充実感に溢れていたといったところだったのかもしれない。

中野さんもまた、「大丈夫か、君。頼りなさそうなところだが……」といった。六〇年代後半、物書きとしても結構忙しくなったころから、都庁を辞めて沖縄資料センター中心の仕事に専念したいと相談した時、中野さんは、「飯を食うことを甘く見てはいかん」と私を諫めていた。世間では、「大学教授では飯は食えん」といって五〇歳で東大教授を辞めたといわれていた中野さんも、無鉄砲に辞めたわけではなく、具体的な見通しを立ててから辞めたのだということを説明してくれたりもしていた。

だが、沖縄も返還され、沖縄資料センターもその役割を終えて、状況は大きく変わっていた。実は、沖縄資料センターを法政大学に移管するとき、中野さんは、私には何も言わなかったのだが、中村哲や外間守善には、私の身分移管もそれとなく打診していたらしい。私がそのことに気が付いたのは、中野さんが亡くなって後、中村さんや外間さんの追悼文(前章参照)を読んだ時であった。

さて、四月から沖縄大学に赴任することになったものの、給与等雇用条件もはっきりしていなかった。そのことを確認するため一月に沖縄を訪れた。タクシーに乗って、

「沖縄大学まで」と言ったら、運転手が、「あの大学はつぶれたんじゃないですか」と聞いてきたのには、さすがの私も度肝を抜かれた。存続闘争が大きな話題となり、共鳴や同情も大きかったはずだが、この運転手の対応も沖大に対する世間の認識の一端を示していた。吉田嗣延が怒るのも無理はなかった。

大学の施設の貧弱さは一年前から知っていたので、研究室が無い（会議室の隣に職員室のような共同の部屋はあったが誰も使っていないようだった）のを知っても驚かなかった。もともと私は、研究室で仕事をしたことなどなかった。私の仕事場は、書庫の片隅に置いた小さな古机や、喫茶店や旅館のテーブルであった。

身分は、助教授ということであった。大学設置審議会から、教歴ゼロの教授は認められないので、七四年度は助教授として採用し、七五年度から教授にするようにとの指示があったということであった。教歴はなくとも、自主講座や自主ゼミの経験は豊富だぞ、と言いたいところだったが、身分のことなどどうでもよかった。沖縄タイムス連載の「試論・沖縄戦後史」の執筆者の肩書は、二月一三日までは、評論家だったが、二月一四日からは、沖縄大学助教授になった。佐久川学長に頼まれたからである。学長としては、少しでも大学の宣伝をしたかったということのようだったが、宣伝効果があったかどうかは、大いに疑問である。

エピソードをひとつ紹介しておこう。

沖縄大学に赴任してから数カ月後、あるところから講演を依頼された。会場に行ってみると、壇上の講師紹介の垂れ幕の肩書が、「沖縄国際大学助教授」となっていた。私に間違いを指摘された主催者は、あわてて「国際」に白紙を貼った。まだ、「試論・沖縄戦後史」の連載は続いていたのだが……。

給与は、都庁よりも少し良かったような気がする。オイルショックで、物価も賃金も急上昇した時代である。

那覇市繁多川《はんたがわ》に三階建てマンションの一階を借りることになった。4LDK、ワンフロア一世帯という造りであった。当時、沖縄にいわゆる不動産屋はなかった。この部屋も学長の伝手《つて》で探してもらった。研究室もなかったのでできるだけ広い部屋を希望したが、広さが明大前のマンションの二倍になった代わりに、給料の三分の一は部屋代になった。

このころ、沖縄に来たら金城共同法律事務所を訪ねて金城睦・清子両弁護士と雑談をするのが恒例になっていた。このときの話題は、司法試験であった。私は、「沖縄大学の前途はかなり厳しそうなので、いざというときは、弁護士になろうと思うけど、二年ぐらい勉強すればいいかね」と尋ねた。二年説の出所は、新里恵二弁護士である。新里さんは、旧制五高(熊本大学の前身の一つ)時代から、社会運動にかかわり、独学で沖縄史を研究し、『沖縄』(共著、岩波新書、一九六三年)や『沖縄史を考える』(勁草書房、一九七〇年)を書いているが、経済的には極めて厳しい環境にあった。そこで一念発起し、司法試験を突破して弁護士になった。常に都庁を辞めてフリーになることが念頭にあった私は、弁護士になった新里さんに、「どれぐらい勉強すれば司法試験に受かりますかね」と聞いてみた。新里さんは、「集中すれば二年だね」と答えた。

金城睦弁護士もまた「ぼくたちが指導すれば二年で合格できる」と気安く請け合った。いざという時の指導者まで決まったというわけである。

ところで、「支援する会」はどうなったか。沖縄大学が実質的に存続することになれば、「支援する会」も役割を終えることになる。しかし、そこでは、七三入学生の身分保障の問題が完全に取り残されていた。事務局会議で討議した結果、「支援する会は、今後、昭和四八年度の新入生の身分保障を確立する問題を追究すると同時に、現地沖縄大学との交流を深め、本土と沖縄を結ぶひとつのパイプ、思想的・文化的交流の場としての役割を果たしていきたい」として、会の存続を決めた。会の名称は、「沖大問題を考える会」と変更し、沖縄に去る私に代わって、春日邦夫が事務局長を引き受けることになった。その後何回か会員向けのニュース(沖縄と東京の電話の市外局番から採った『0988↔03』がその名称だった)を発行し、私も毎回沖縄から原稿を送った。

沖縄生活のはじまり

私たちの家族は、一九七四年三月末、東京での生活を引き払って沖縄・那覇にやって来た。到着に合わせて着くはずの荷物が着かない。しかたなく数日は、家族で、壺川のくろしお会館という宿泊施設に泊まった。当時はこうした手違いや混乱は珍しくなかった。

大学への正式な出勤は、四月九日の入学式から。帰りは、繁多川のマンションまで歩いてみた。家まで最短距離を歩くと三、四〇分だが、あまり着たことが無い背広を着てネクタイまで締めていると四月上旬でもやたらに暑い。結局大学への往復には、バスやタクシーを使うことにした。タクシー賃は東京よりはるかに安く、近距離ならバス賃の二、三倍だった。逆に高かったのは、電話料金である。復帰前、国際電話時代の一通話(三分)一五〇〇円前後よりはいくらか安くなっていたはずだが、家計支出の第一位は家賃、第二位は電話代だったのではなかろうか。

大学での持ちコマ数は、一部三コマ、二部(夜間)三コマで、当時は一コマ一一〇分だったと思う。大学に研究室がないから、当初は、授業と教授会の時ぐらいしか大学に行くことはない。大学に現れるのは、非常勤講師並みの回数である。連れ合いの恵子が、「大学ってそんなに暇なの？」と訝しがっていた。暇ではないが、仕事場が無かったのである。その頃の沖大は、事務室や学長室がある四階建ての本館と、大学ビルというこれまた四階建てのカギ(「)型の教室棟と、食堂や共済会が入る小さな三棟の建物で構成されており、当時の学生や同窓生はやや自嘲的に、マッチ箱三つの大学と呼んでいた。本館の三階が図書館になっていたが、手狭なうえに、学生のレポートや答案を読む場には適していない。レポートも答案も家に持ち帰って読むことにならざるを得ない。

家の仕事場は、東京時代に比べるとはるかに恵まれていた。一番奥の六畳間は、隣の部屋と壁で仕切られており、ドアを閉めれば、隣の部屋で遊んでいる子どもたちの甲高い声もほとんど気にならなかった。

転職・転居でキリキリ舞いしていたこの時期も、沖縄タイムス連載の「試論・沖縄戦後史」の執筆作業は続いていた。戦後の古新聞の綴じ込みをめくるために利用させてもらったのは、県立図書館の事務室だった。まだ、マイクロリーダーもなかったと思う。建替えられる前の小さな図書館で、多分、事務室に新聞の綴じ込みが収納されていたのではあるまいか。机を並べて仕事をしている職員に並んで空き机を使わせてもらった。コーヒーをご馳走になることもあった。一〇年近く前、琉大学生自治会で講演を頼まれた時から顔見知りの学生の一人が図書館の職員になっていた。図書館長は、最初の訪沖時から付き合いのある大城宗清元立法院図書室長だった。

この連載は、結局、二〇六回、一二月二八日(三一日に「連載を終えて」)まで続いた。四〇〇字詰め原稿用紙にして約一三〇〇枚分であった。

私が沖縄に住み着くことになった七四年は、六六年に純文芸誌として創刊された『新沖縄文学』が、「文化と思想の総合誌」と銘打って総合雑誌としての性格を明確にした時期である。新川明に声をかけられて、岡本恵徳、我部政男、比屋根照夫、仲程昌徳《なかほどまさのり》たちと、『新沖縄文学』の社外編集委員になった。編集委員会で編集企画について意見をいうほか、第二六号(七四年一〇月)からスタートしたインタビュー欄「沖縄現代史への証言」も担当した。インタビューの対象は、とりあえず、社会運動にかかわりを持つ人、なるべく、奄美、宮古、八重山などの民衆史を垣間見られる立場にいる人、活動が戦前から戦後へ跨っている人などを基準に選んだ。第二六号の宮良長義《みやらちょうぎ》「八重山の農村民主化運動」から始まって、第四六号(八〇年三月)まで続いた一三人の聞き書きの記録は、八二年二月に沖縄タイムス社から出版されている(新崎編『沖縄現代史への証言』)。

毎日新聞にコラムの連載を始めたのも沖縄への転居がきっかけだった。多分、東京時代から付き合いのあった学芸部の今田好彦から連絡があって、毎月一回定点観測的試みとして「沖縄からの報告」を送れという。当時は、FAXも無い時代である。原稿が完成すると、大栄空輸に電話をかけて原稿を取りに来てもらい、毎日新聞に「今何便で送った」と電話をかけると、その便が到着するころ、新聞社のオートバイに乗った青年が羽田空港に取りに行くという形で原稿の受け渡しをしていた。

「沖縄からの報告」は、当初一年の予定だったが、結局三年続き、その文章を中心に、他の新聞や雑誌に書いた文章を加えて、七八年、『沖縄・世替わりの渦の中で』というタイトルで毎日新聞社から出版された。

沖縄に転居する以前から、私がもっとも気になっていた問題の一つが、金武湾《きんわん》闘争であった。企業誘致は、沖縄返還前からの保革を超えた沖縄振興政策の一環だったが、公害問題が社会問題化すると、沖縄はヤマトで立地困難なCTS（原油備蓄施設）などの立地先として狙われることになった。沖縄島東海岸の金武湾を埋め立てて石油コンビナートを造成しようという計画は、その最大のものと言えよう。これに対して地元住民の間からは反対運動が起こるが、いわゆる革新団体や言論人の動きは鈍かった。私は周りの言論人や大学教員などに呼びかけて、地元の住民運動団体「金武湾を守る会」の支援活動に乗り出すことにした。

私の生活は、東京時代よりもはるかに忙しく、活気に満ちたものになっていった。

略年譜

一九三六年　一月二七日　現在の東京都杉並区天沼で、父・新崎盛忠、母・タヲの長男として誕生。
二・二六事件

一九三七年　**盧溝橋事件、日中戦争はじまる**

一九三八―三九年　弟・盛宣出産のため母・タヲとともに沖縄に帰省。母の実家・那覇市若狭、祖父・柳頂忠、祖母・當千代(旧姓・禱)父の実家・首里市崎山、祖父・新崎盛茂、祖母・オト

一九四〇―四一年　このころ葛飾区高砂に転居。
四一年一二月八日、米英と開戦

一九四二年　高砂国民学校入学。

一九四三年　肺門リンパ腺炎で長期欠席のため、一年生を留年。

一九四四年　柳頂忠・當千代、沖縄から東京へ疎開、高砂で同居。
沖縄一〇・一〇空襲

一九四五年　**三月一〇日、東京大空襲**
四月一日、米軍沖縄島に上陸
福岡(當千代の弟・禱直宅)を経て、熊本県葦北郡佐敷町に疎開、佐敷国民学校三年編入。
八月一五日、敗戦
一九四六年　江戸川区小岩の父の友人宅で父と合流。小岩国民学校四年に編入。
夏ごろ、現在の墨田区横川橋にあった専売局焼け跡の官舎に転居。柳島国民学校四年に編入。
一九四七年　柳島小学校から業平小学校が分離。
一九四八年　**東条英機らA級戦犯処刑**
一九四九年　日本大学第一中学入学。
一九五〇年　**朝鮮戦争勃発**
世田谷区九品仏の社宅に転居。
一九五一年　品川区旗の台の専売公社社宅に転居。品川区立荏原第五中学校三年編入。
一九五二年　都立小山台高校入学。
四月二八日、サンフランシスコ二条約(対日平和条約・日米安全保障条約)発効
一九五三年　映画「ひめゆりの塔」(監督・今井正)

一九五四年　高校で沖縄戦災校舎復興資金募集運動を行う。
一九五五年　生徒会活動、進路選択。
「朝日報道」
大学受験、浪人生活。
一九五六年　東京大学教養学部文科二類入学。
島ぐるみ闘争、砂川闘争
スエズ戦争、ハンガリー動乱
一九五七年　**瀬長亀次郎那覇市長の追放**
全学連の米大使館への抗議行動に参加。
一九五八年　文学部社会学科進学、新聞研究所研究員。
一九五九年　**キューバ革命**
初めての沖縄訪問。
一九六〇年　**六〇年安保闘争**。大学留年、中野好夫との出会い。
一九六一年　沖縄資料センター(六〇〜七二年)と都庁勤務の「二足の草鞋」生活はじまる。
文京福祉事務所のケースワーカーとなる。
沖縄問題研究会(〜六三年)
一九六二年　資料収集のための二度目の沖縄訪問、都職労文京福祉分会分会長。

二・一決議

一九六三年　「沖縄総選挙終わる」(「日本の潮」『世界』六三年一月号)

「沖縄資料ニュース」(No. 2〜)

一九六四年　「転機に立つ祖国復帰運動――沖縄問題の現段階」(『世界』七月号)

監査事務局へ異動、千葉県稲毛へ転居。

「一二回目の「屈辱の日」――沖縄の四月二十八日」(『世界』七月号)、「占領下の伊江島――その苦難と闘いの歴史」(『世界』八月号、いずれも筆名・新田暉夫)

一九六五年　**北爆開始、佐藤訪沖、沖縄違憲訴訟**

『沖縄問題二十年』(中野好夫と共著、岩波新書)

「安保体制下の沖縄とベトナム戦争」(『世界』一〇月号)

一一月の立法院選挙に合わせて四度目の訪沖、「インタビュー　松岡政保主席」(『世界』六六年一月号)、「座談会　祖国復帰をどう実現するか――沖縄四政党の立場」(『世界』六六年二月号)

一九六六年　吉田恵子と結婚。

「岐路に立つ沖縄――基地と施政権」(『世界』八月号)

裁判移送問題

一九六七年　**教公二法阻止闘争、羽田闘争、佐藤・ジョンソン会談**
稲毛の自宅改築。資料センターの引っ越し。入院。
特集「敗戦二十二年——日本の政治と沖縄の現実」(『世界』八月号)

一九六八年　**プエブロ号事件、テト攻勢、B52常駐化と反対闘争、全軍労一〇割年休闘争、主席公選**
『沖縄問題基本資料集』(南方同胞援護会)
『沖縄返還と70年安保』(現代評論社)

一九六九年　**二・四ゼネスト挫折、佐藤・ニクソン会談**
明大前(杉並区和泉)に転居。
『戦後資料　沖縄』(日本評論社)、『ドキュメント沖縄闘争』(亜紀書房)

一九七〇年　**国政参加選挙、毒ガス撤去闘争、コザ暴動**
『沖縄・70年前後』(中野好夫と共著、岩波新書)

一九七一年　**沖縄返還協定調印**

一九七二年　**沖縄返還、日中国交正常化**

一九七三年　「沖縄大学廃校処分撤回闘争を支援する会」結成。

一九七四年　沖縄タイムスに「試論・沖縄戦後史」連載。
沖縄大学へ赴任、那覇市へ移住。

あとがき

私はこれまで何冊かの沖縄戦後史、沖縄現代史に関する本を書いてきた。その際、心がけてきたことは、「できるだけ自分から突き放して客観的に書く」ということだった。だが、沖縄現代史は、私自身が生きてきた歴史でもあった。ただその中で生きてきたのではなく、積極的に沖縄の直面する歴史的課題と取り組むことを意識して生きてきた歴史であった。そこで、いつか自分自身が沖縄現代史とどうかかわって生きてきたかを、自分自身に即して書いてみたいと思っていたが、そのためのまとまった時間はなかなか得られなかった。だが、雑誌の連載のような形で少しずつ書いていけば可能かもしれないと気付いた。

『けーし風』という小さな季刊誌がある。私が友人たちと一緒に一九九三年に創刊した雑誌である。「けーし風」の元の意味は、台風の吹き返し、「返し風」のことである。「この時代の状況に、沖縄から返し風を」、という意図を込めた媒体である。この雑誌は、編集体制の若返り、世代交代がうまくいって、二十数年、現在でも刊行を続けている。この雑誌に連載することになった。

その三年間の連載を、加筆・修正、再構成したのが本書である。時代的に言えば、沖縄が地上戦から二七年におよぶ米軍支配の時代を経て日本復帰(沖縄返還)に至る時代である。自分史的に言えば、熊本の疎開先で国民学校三年生の時に敗戦を迎え、高校入学と同時に講和条約発効をめぐる政治状況に直面した私が、「沖縄資料センター」という場を与えられて、沖縄の外から、沖縄にかかわり続けた時代である。

今の時点で沖縄から大づかみに戦後七〇年を振り返ってみると、米軍支配の時代を第一の時期とすれば、沖縄返還から『けーし風』創刊ぐらいまでの時代が第二の時期、九五年から現在に至る時代が第三の時期といえるだろう。そんな時期区分の第一の時期における沖縄現代史と、私自身の自分史のかかわりをまとめたものがこの本である。

沖縄返還(日本復帰)によって、米軍の支配下に置かれていた沖縄は、日本の一つの県となった。だが、アメリカの軍事戦略の拠点としての沖縄の実態は、なんら変わることはなかった。さらに、日本となった沖縄には、自衛隊も配備された。沖縄返還は、日米軍事同盟の要としての沖縄を日本に組み込むことにほかならなかった。米軍による軍事基地機能の維持政策は、日本政府によって引き継がれ、いっそう強化されることになった。従って沖縄民衆の反戦反基地闘争は、日本政府との間で続けられることになった。また、二七年間日本から分離されていた沖縄は、行政組織や、政党、労組などの中央との一体化の過程でも、さまざまな混乱を招くことにもなった。また、社会や環境破壊をもたらす地域開発とも闘わなければならなくなった。第二の時期の沖縄は、そうした混沌の中で、自らの独自性を再確認し、自立への可能性を模索していた時期であったともいえる。

米軍支配下から日本の一地方自治体へというその制度の変わり目で、私は、つぶされかけた小さな私立大学存続の助っ人の一員として沖縄に招かれることになった。それ以後沖縄に住み着いて、大学経営から、金武湾《きんわん》闘争などの地域の住民運動支援、一坪反戦地主運動といった反戦反基地闘争の組織化などに直接かかわり続けることになる。『けーし風』の創刊も、ある種の文化運動であった。第二の時期の沖縄は、日米両政府の政策に翻弄されながら苦闘している時代でもあったが、その闘いの蓄積は、次の時期の闘いの土台になったともいえる。

第三の時期は、日本からの分離、そして日本への返還を貫く構造的沖縄差別とでも呼ぶべき日米安保の仕組み、さらには戦後日本政治の仕組みを明確に認識し、それを打破すべく自己決定権の主張を鮮明にし始めた時期と言えるだろう。九五年の米兵による凶悪犯罪をきっかけとした民衆運動の爆発は、日米両政府に一定の衝撃を与え、普天間基地の返還をはじめとする米軍基地面積の二〇％削減などのいわゆるＳＡＣＯ《サコ》合意を生んだ。だがそれは、見方を変えれば、老朽化した巨大な基地を、日本政府のカネで、コンパクトな最新鋭の基地に作り替えることに過ぎなかった。それを象徴しているのが、普天間基地の辺野古移設や高江部落周辺のヘリパッド建設である。それは、使い勝手が悪くなった普天間基地の返還を口実にして辺野古に弾薬搭載施設や強襲揚陸艦の接岸岸壁を備えた新基地を建設すること、米海兵隊にとって利用価値のない北部訓練場の北半分を返還して南半分にヘリパッドを集約することを意味した。政府は、面積の減少が負担軽減になると強弁している。しかし、高度な基地機能の新設と集約化は基地負担の増大を意味している。したがって第三の時期の沖縄の闘いの焦点は、高度な軍事的機能を持った新基地建設阻止にある。

私自身も、第二の時期の延長線上で、第三の時期の闘いにもかかわり続けていくが、この時期の後半からは、体力的な衰えもあって、闘いの前面に出ることは困難になり、みんなの後について行くという形に変化していった。そうした私自身の歩みを回顧しつつ、その沖縄現代史とのかかわりを考える『けーし風』の連載は、現在、第二の時期の中ごろに差し掛かっている。そう遠くない時期に、この本に続く時期、私が沖縄に居を移して以後の時期の「自分史としての沖縄現代史」をまとめて、読者の批判を仰ぐ機会を得たいと思っている。

二〇一六年一〇月

新崎盛暉

本書は、季刊誌『けーし風』(第75―87号、二〇一二年六月―二〇一五年七月、新沖縄フォーラム)に連載された「私の生きた沖縄史、そして世界史」に加筆修訂をほどこしてまとめた、岩波現代文庫オリジナル版である。

人名索引

あ 行

か 行

さ 行

た 行

な 行

は 行

ま 行

や 行

ら・わ行

私の沖縄現代史――米軍支配時代を日本《ヤマト》で生きて

2017年1月17日　第1刷発行

著　者　新崎盛暉《あらさきもりてる》

発行者　岡本　厚

発行所　株式会社　岩波書店
〒101-8002 東京都千代田区一ツ橋2-5-5

案内 03-5210-4000　営業部 03-5210-4111
現代文庫編集部 03-5210-4136
http://www.iwanami.co.jp/

印刷・精興社　製本・中永製本

ISBN 978-4-00-603303-3　　Printed in Japan

岩波現代文庫の発足に際して

新しい世紀が目前に迫っている。しかし二〇世紀は、戦争、貧困、差別と抑圧、民族間の憎悪等に対して本質的な解決策を見いだすことができなかったばかりか、文明の名による自然破壊は人類の存続を脅かすまでに拡大した。一方、第二次大戦後より半世紀余の間、ひたすら追い求めてきた物質的豊かさが必ずしも真の幸福に直結せず、むしろ社会のありかたを歪め、人間精神の荒廃をもたらすという逆説を、われわれは人類史上はじめて痛切に体験した。

それゆえ先人たちが第二次世界大戦後の諸問題といかに取り組み、思考し、解決を模索したかの軌跡を読みとくことは、今日の緊急の課題であるにとどまらず、将来にわたって必須の知的営為となるはずである。幸いわれわれの前には、この時代の様ざまな葛藤から生まれた、人文、社会、自然諸科学をはじめ、文学作品、ヒューマン・ドキュメントにいたる広範な分野のすぐれた成果の蓄積が存在する。

岩波現代文庫は、これらの学問的、文芸的な達成を、日本人の思索に切実な影響を与えた諸外国の著作とともに、厳選して収録し、次代に手渡していこうという目的をもって発刊される。いまや、次々に生起する大小の悲喜劇に対してわれわれは傍観者であることは許されない。一人ひとりが生活と思想を再構築すべき時である。

岩波現代文庫は、戦後日本人の知的自叙伝ともいうべき書物群であり、現状に甘んずることなく困難な事態に正対して、持続的に思考し、未来を拓こうとする同時代人の糧となるであろう。

(二〇〇〇年一月)

S286
平和は「退屈」ですか
―元ひめゆり学徒と若者たちの五〇〇日―
下嶋哲朗

沖縄戦の体験を、高校生と大学生が語り継ぐプロジェクトの試行錯誤の日々を描く。社会人となった若者たちに改めて取材した新稿を付す。

S287
野口体操入門
―からだからのメッセージ―
羽鳥操

「人間のからだの主体は脳でなく、体液である」という身体哲学をもとに生まれた野口体操。その理論と実践方法を多数の写真で解説。

S288
日本海軍はなぜ過ったか
―海軍反省会四〇〇時間の証言より―
澤地久枝
半藤一利
戸髙一成

勝算もなく、戦争へ突き進んでいったのはなぜか。「勢いに流されて――」。いま明かされる海軍トップエリートたちの生の声。肉声の証言がもたらした衝撃をめぐる白熱の議論。

S289-290
アジア・太平洋戦争史(上・下)
―同時代人はどう見ていたか―
山中恒

いったい何が自分を軍国少年に育て上げたのか。三〇年来の疑問を抱いて、戦時下の出版物を渉猟し書き下ろした、あの戦争の通史。

S291
戦下のレシピ
―太平洋戦争下の食を知る―
斎藤美奈子

十五年戦争下の婦人雑誌に掲載された料理記事を通して、銃後の暮らしや戦争について知るための「読めて使える」ガイドブック。文庫版では占領期の食糧事情について付記した。

2017.1

S292
食べかた上手だった日本人
―よみがえる昭和モダン時代の知恵―
魚柄仁之助

八〇年前の日本にあった、モダン食生活のユートピア。食料クライシスを生き抜くための知恵と技術を、大量の資料を駆使して復元！

S293
新版 報復ではなく和解を
―ヒロシマから世界へ―
秋葉忠利

長年、被爆者のメッセージを伝え、平和活動を続けてきた秋葉忠利氏の講演録。好評を博した旧版に三・一一以後の講演三本を加えた。

S294
新島襄
和田洋一

キリスト教を深く理解することで、日本の近代思想に大きな影響を与えた宗教家・教育家、新島襄の生涯と思想を理解するための最良の評伝。〈解説〉佐藤優

S295
戦争は女の顔をしていない
スヴェトラーナ・アレクシエーヴィチ
三浦みどり訳

ソ連では第二次世界大戦で百万人をこえる女性が従軍した。その五百人以上にインタビューした、ノーベル文学賞作家のデビュー作にして主著。〈解説〉澤地久枝

S296
ボタン穴から見た戦争
―白ロシアの子供たちの証言―
スヴェトラーナ・アレクシエーヴィチ
三浦みどり訳

一九四一年にソ連白ロシアで十五歳以下の子供だった人たちに、約四十年後、戦争の記憶がどう刻まれているかをインタビューした戦争証言集。〈解説〉沼野充義

S297
フードバンクという挑戦
―貧困と飽食のあいだで―
大原悦子
食べられるのに捨てられてゆく大量の食品。一方に、空腹に苦しむ人びと。両者をつなぐフードバンクの活動の、これまでとこれからを見つめる。

S298
いのちの旅
「水俣学」への軌跡
原田正純
水俣病公式確認から六〇年。人類の負の遺産「水俣」を将来に活かすべく水俣学を提唱した著者が、様々な出会いの中に見出した希望の原点とは。〈解説〉花田昌宣

S299
紙の建築 行動する
―建築家は社会のために何ができるか―
坂茂
地震や水害が起きるたび、世界中の被災者のもとへ駆けつける建築家が、命を守る建築の誕生とその人道的な実践を語る。カラー写真多数。

S300
犬、そして猫が生きる力をくれた
―介助犬と人びとの新しい物語―
大塚敦子
保護された犬を受刑者が介助犬に育てるという米国での画期的な試みが始まって三〇年。保護猫が刑務所で受刑者と暮らし始めたこと、元受刑者のその後も活写する。

S301
沖縄 若夏の記憶
大石芳野
戦争や基地の悲劇を背負いながらも、豊かな風土に寄り添い独自の文化を育んできた沖縄。その魅力を撮りつづけてきた著者の、珠玉のフォトエッセイ。カラー写真多数。

2017.1

S302
機会不平等
斎藤貴男

機会すら平等に与えられない〝新たな階級社会の現出〟を粘り強い取材で明らかにした衝撃の著作。最新事情をめぐる新章と、森永卓郎氏との対談を増補。

S303
私の沖縄現代史
―米軍支配時代を日本〈ヤマト〉で生きて―
新崎盛暉

敗戦から返還に至るまでの沖縄と日本の激動の同時代史を、自らの歩みと重ねて描く。日本〈ヤマト〉で「沖縄を生きた」半生の回顧録。岩波現代文庫オリジナル版。

2017.1